TRIBUNAL DE ASUNTOS ETERNOS
CASO NO. 1

EL ESPÍRITU DE VERDAD VS. SATANÁS

LA RAZÓN PORQUE NO FUISTE BAUTIZADO EN EL NOMBRE DE JESUS

Y PORQUE *Debes Serlo*

JIM PICKERING

Published by
Our Written Lives, LLC
SAN ANTONIO, TEXAS

Our Written Lives provides publishing services for authors in various educational, religious, and human service organizations. For information, visit www.OurWrittenLives.com.

Copyright ©2022 Jim Pickering
Spanish Translation by Laura Paez Monge
Cover & Interior Design by Our Written Lives

Library of Congress Cataloging-in-Publication Data
Pickering, Jim 1945
Why You Were Not Baptized in Jesus Name

Library of Congress Control Number: 2022918273
ISBN: 978-1-942923-59-6 (paperback)

LA RAZÓN PORQUE NO FUISTE BAUTIZADO EN EL NOMBRE DE JESUS

"He conocido a Jim Pickering por 35 años. El es un verdadero cristiano. Si alguna vez te has preguntado sobre el bautismo en el Nombre de Jesús, entonces necesitas leer este libro. Aquí encontrarás una nueva perspectiva de un tema antiguo; ¡cada cristiano debe leerlo!"

REV. G.R. (BOBBY) EDWARDS, OBISPO, EASTGATE UPC

"Un tema que ha sido malinterpretado muchas veces, toma vida en este libro en forma de relato, capturando la atención a la misma vez que nos instruye la mente y el alma. El tema del bautismo es muchas veces malinterpretado y Jim Pickering lo confronta audazmente, trayendo claridad a la razón por la cual el bautismo de Jesús es necesario para salvación. Le animo a que abra las páginas, a que sea atraído a la historia y descubra que debe ser bautizado en el Nombre de Jesús."

REV. MATTHEW TUTTLE, Y SRA., EASTGATE, UPC

DEDICATORIA

GRACIAS A DIOS.
Mereces la gloria. Gracias por la inspiración y la carga que me has dado para escribir y publicar.

GRACIAS A MI MARAVILLOSA Y ALENTADORA ESPOSA, JEWEL.

Has sido y eres lo que me mantiene íntegro. Te amo. Gracias por tu paciencia ante cada cuestionamiento

GRACIAS A MI FAMILIA Y AMIGOS

Gracias a mi hijo Jody por cada conversación tan estimulante, y por la ayuda con el libro audible.

Gracias a mi hijo Jonathan por su apoyo, y por cada libro que has compartido conmigo o recomendado.

Un gran saludo a Julia, Joyce, Roy, Gloria, Kathy, Dr. Jamie, y al Dr. "Doc" Burke por leer, releer y darme honestas observaciones.

Un gran reconocimiento a Raymond y la familia Hill por haber tomado de su valioso tiempo mientras estaban en vacaciones familiares, para revisar este libro

UN HONOR ESPECIAL EXTENDIDO A

El Rev. Matthew y Michelle Tuttle, mis Pastores
El Rev. G.R. Edwards, mi Obispo

Seria un descuido de mi parte no dar un gran agradecimiento al Obispo Isaac Ogbeta. Gracias por leer, animar y comisionar.

Y como no agradecer a tal magnifica editora, Rachael K. Hartman. No habría libro sin ti. Eres un regalo para el escritor, y una bendición al Reino de Dios.

TABLA DE CONTENIDO

Introducción: Un Caso de Eternidad 9
Capítulo 1: Una Oportunidad 15

Parte 1
preparación para las audiencias

Capítulo 2: Cigarras Tostadas A La Miel......................23
Capítulo 3: Instrucciones Especificas 33
Capítulo 4: Una Palabra 41
Capítulo 5: La Pintura..47
Capítulo 6: Los Hechos, Simplemente los Hechos......55

Parte 2
tribunal de asuntos eternos

Capítulo 7: El Primer Testigo 61
Capítulo 8: Una Nueva Palabra 71
Capítulo 9: Consecuencias 85
Capítulo 10: El Concilio 91
Capítulo 11: Secuestrado..99
Capítulo 12: Deliberación del Jurado 107

Conclusión: Un Llamado a la Acción 115

Sobre el Autor 123

INTRODUCCIÓN
UN CASO DE ETERNIDAD

RECUERDO cuando era niño, escuchaba los sermones y enseñanzas sobre el tema del bautismo. En los años 1950, mi pastor, R. D. Gibson, le pedía a su hija y yerno, Vesta y Gerald Mangun, que predicaran en nuestra iglesia cuando estaban de visita. La Hermana Vesta hablaba de la obra del Poder de Dios en nuestras vidas, y la importancia del bautismo Bíblico. Al pasar de muchos años, he meditado en las variaciones de las practicas y tradiciones bautismales entre las iglesias cristianas. Continué estudiando el bautismo a través de los años y aprendí mucho sobre la historia de las tradiciones religiosas, las influencias políticas en la religión organizada y la fluctuación en las practicas cristianas - tales como el modo bautismal. Enseñé sobre este tema en las clases de Escuela Dominical e hice del bautismo el punto de discusión principal durante muchas sesiones de estudio Bíblico.

Años después en mis estudios, el Señor comenzó a llamarme a escribir un libro sobre el bautismo. El libro, el cual ahora usted sostiene en sus manos, no tenía la intención de ser un libro de estudio o un análisis exhaustivo de la historia. En lugar de eso, tomaría una postura mas creativa. Comencé a imaginar una sala de tribunal donde los importantes casos sobre la eternidad eran pesados en la balanza. Esa sala es llamada el Tribunal de Asuntos Eternos. Este libro encapsula un caso en particular: El Tribunal de Asuntos Eternos vs. Satanás en el asunto de La Razón Porque No Fuiste Bautizado En El Nombre De Jesús. El diablo es enjuiciado por pervertir el mensaje bautismal.

En mi investigación, voy cambiando entre mi realidad de lector curioso, que recorre la historia, a el rol de Fiscal. Comienzo tomando mi tiempo, diligentemente meditando sobre los infames, muchas veces ignorados, crímenes en contra de la eternidad. Mi perspectiva incluye describir mi proceso de reflexión a medida que recaudo evidencia del crimen, preparo mi caso y llamo a los testigos. Aunque Satanás es el enjuiciado, no lo llamaré como testigo. Ya que el es el padre de mentira (Juan 8:44) y el engañador del mundo (Apocalipsis 12:9), no puedo confiar en su testimonio.

En el tribunal imaginario, tengo acceso a testigos de cada siglo. Puedo llamar a testigos de eras anteriores, personajes Bíblicos y figuras políticas que parecerían no tener relación con la Cristiandad. Puedo entrevistar a figuras históricas quienes han sido clave a los cambios en cuestión. La verdad saldrá a la luz por medio de los testimonios, y el jurado decidirá el veredicto.

La verdad. Es todo lo que importa, no las tradiciones religiosas o el "así es como se ha hecho siempre." El Espíritu de Verdad preside sobre el Tribunal de Asuntos Eternos. Él es el Juez supremo. Él nos lleva y guía a toda Verdad, y Él preside sobre este libro y mi jornada de preparación para entrar al Tribunal de Asuntos Eternos. Es el peso del conocimiento de la eternidad el que me impulsa en mi búsqueda de la Verdad.

El bautismo importa. Acompáñame a comenzar el recorrido de descubrimiento de la Verdad sobre las tradiciones bautismales religiosas, y lo que la Biblia dice sobre la importancia del bautismo para la salvación eterna. En particular, a medida que busques la salvación de tu alma (Filipenses 2:12), el caso de La Razón Porque No Fuiste Bautizado En El Nombre De Jesús, te servirá como punto de partida en tu propia búsqueda Bíblica, e histórica, de la verdad. El hecho que estés leyendo este libro confirma mi inspiración al escribirlo. Creo, ciertamente, que hay muchas personas con corazones sinceros, como tu, quienes quieren pensar por sí solos sobre la religión y espiritualidad. Quieren conocer la verdad sobre la salvación eterna y lo que la Biblia dice que es un requerimiento para entrar al Cielo.

En los próximos capítulos, examino la historia del bautismo, la importancia de la obediencia al plan de Dios, y la naturaleza del enemigo de nuestra alma y sus antecedentes de engañar a la humanidad para destrucción. También contemplo el poder de la sangre de Jesús, y la infalible Verdad de la Palabra de Dios. Posteriormente, será tiempo de presentar la evidencia y llamar a los testigos a una de las audiencias mas importantes del Tribunal de Asuntos Eternos – El Espíritu de Verdad vs. Satanás, en el caso de La Razón Porque No Fuiste Bautizado En El Nombre De Jesús.

CAPÍTULO 1
UNA OPORTUNIDAD

UN FUERTE CALOR llenaba la atmósfera. En el firmamento, en el área sobre el horizonte, había algo diferente, fuera de lo común. Unas amenazadoras masas nebulosas, estructuras humeantes y espeluznantes, flotaban en el cielo. Un profundo sonido muy extraño, causó que el aire y la tierra vibraran. En un instante, una luz mas brillante de lo que la memoria del mundo pudiera recordar, perforó esta tierra remota, y una explosión repentina sonó como la de un cañón. Un aroma fresco e intrigante llenó el aire. Un aroma que nadie había experimentado antes. Luego, agua comenzó a caer, como lágrimas del alma agitada del cielo. Estaba lloviendo por primera vez.

Dicen que hay una primera vez para todo. Y la primera lluvia fue, de seguro, de proporciones Bíblicas. En el relato de Génesis 7, Dios, en su desilusión, tuvo que tratar con la humanidad errante que Él mismo había creado siglos antes. Eso sí, Dios no creó a la humanidad como una criatura errante, una ayuda externa influenció la mutación de la humanidad inocente a una pecaminosa. Pero, de eso hablaremos luego. Por ahora, necesitamos hablar de Noé.

Noé, su familia, y un zoológico entero estuvieron encerrados dentro de una extraña pieza de artesanía. Muchos años antes de este clima tormentoso, Noé había tenido una conversación con Dios mismo. Dios, lleno de justicia, estaba molesto por la violencia del hombre. Era tiempo de depurar la tierra. El Dios todopoderoso fue el primer ingeniero marítimo y Noé el fundador de un astillero gigante.

Había un plan, y uno muy específico. Había una lista de

materiales e instrucciones precisas. La obediencia al plan e instrucciones de Dios, llevaron a Noé a tomar un proyecto algo inusual, y su fe lo llevó a ser (si, ya lo ha adivinado) fiel a completar la obra. El mundo dependía en la fidelidad de Noé, pero, tristemente, muchos eligieron escuchar a las opiniones en contra de Noé. "¿A quien quiere engañar?" preguntaron. "¡Debe estar loco! No le presten atención."

El mundo de aquel entonces tuvo décadas para oír de Noé y su "proyecto de salvación." El cumplió el plan de Dios e invitó a todos a seguirlo juntamente con él. No excluyó a nadie. Básicamente, el arca era una imagen y sombra de la Iglesia de hoy.

El plan era específico. También hay un plan específico para hoy. Y esos planes siguen abiertos para revisión, pero no para modificarlos. El trabajo en el arca de hoy, la Iglesia, sigue en progreso. Hace mucho tiempo, para ser salvos de la destrucción, los que vivían en un mundo pre-diluvio debían subirse al arca antes que la puerta se cerrase. Tuvieron tiempo suficiente para hacer lo correcto. Muchos eligieron ignorar el plan de salvación y renunciaron entrar al arca con Noé. Para usted y yo, la historia no debe repetirse. La puerta de nuestra salvación sigue abierta, al menos por ahora.

Solo tenemos una oportunidad. Hubo un arca y tenía una puerta. Hay solo un banderín al final de una carrera, solo una línea de meta. Todos tenemos una vida, y una elección eterna que hacer. ¿Obedeceremos el detallado plan de Dios y hallaremos salvación? ¿O elegiremos el diluvio de destrucción?

Los creyentes de la Biblia comprenden el concepto del Cielo y el Infierno. El cielo es el destino supremo. Descrito como una vida eterna de belleza, paz, salud, gozo y felicidad, el cielo es nuestro hogar deseado. Es el único hogar eterno que nuestro Señor y Salvador prepara para nosotros. Si alguna vez ha experimentado la adoración sincera, la conexión extática del mundo espiritual entre su alma y Dios, el creador del universo, entonces ya conoce un poco de como será la atmósfera espiritual y emocional del cielo. Vale la pena ir al cielo, independientemente del esfuerzo requerido. En el cielo encontraremos almas que habrán vivido vidas ejemplares, al igual que aquellos que no siempre lo hicieron. El Espíritu y Gracia de Dios habrá transformado a todos allí.

Por otro lado, el Infierno es un lugar de muerte eterna, preparado para el diablo y sus ángeles. Es un lugar de muerte continua, aunque nadie podrá morir, aunque lo deseen. Y si el Infierno es el pozo del abismo, la eterna caída libre será horrorosa. El Infierno es un lago de fuego y azufre. El calor insoportable del Infierno y el azufre ardiendo crearán una agría atmosfera intolerable e irrespirable. La gente en el Infierno estará en compañía de los peores pecadores no arrepentidos, algunos hasta estarán poseídos por demonios. Aunque es triste de contemplar, habrá personas maravillosas en el Infierno, honestas y de buena moral, pero con almas sin redención.

Para usted y yo, la historia no debe repetirse. La puerta de nuestra salvación sigue abierta, al menos por ahora.

Nuestra decisión de lo que creamos sobre la eternidad y la salvación es la decisión mas importante que podamos hacer en toda nuestra vida. Frente a esta tan seria decisión, la mayoría de nosotros tomamos mas tiempo en decidir que almorzar que en contemplar donde pasaremos la eternidad. Donde quiere vivir por la eternidad: ¿el Cielo o el Infierno? Usted es el único que puede tomar esta decisión personal.

Ahora que estamos pensando en la eternidad, considere esto. Muchos de nosotros hemos elegido darle reverencia al libro de estudio en el tema de la salvación eterna – La Santa Biblia – pero nos apoyamos en interpretaciones de segunda mano. En lugar de estudiarla por nosotros mismos, permitimos que otros interpreten la Biblia por nosotros. El Apóstol Pablo dio un buen consejo en Filipenses 2:12, cuando dijo "Ocupaos en vuestra salvación con temor y temblor."

Con el deslumbrante hecho de que la eternidad es una propuesta única sin segundas oportunidades, no hay margen para el error. La Biblia es clara: entre otras acciones tales como el creer, confiar en Dios, arrepentimiento, ser lleno del Espíritu de Dios, y vivir una vida rendida a la voluntad de Dios, la salvación implica el bautismo. Y la manera en que uno es bautizado no debe ser tratado con descuido. El bautismo importa, y como uno es bautizado también importa.

Considere la importancia de la eternidad y la salvación, y encontrará importante el saber que diferentes personas, a través de la historia, manipularon ciertos aspectos del Cristianismo para adaptarlos a sus ideologías, cultura y tiempos. Los cambios que hicieron influenciaron las prácticas religiosas hasta convertirse en tradición. A menudo, las generaciones futuras ignoraron las desviaciones de la doctrina original Bíblica. Muchos no tenían acceso a una Biblia, y cuando lo hicieron no se les alentó a leerla. Felizmente, la Biblia y un gran recorrido histórico de testimonios, alumbran el camino para

¿Permitiría que un sacerdote pagano altere el mismo Evangelio designado para salvar su alma del Infierno?

que conozcamos el plan de salvación de Dios tal cual fue originalmente presentado, exponiendo lo sucedido en el trayecto.

Pregúntese a si mismo: Si tuviera algo que decir sobre este asunto, ¿Permitiría que un sacerdote pagano altere el mismo Evangelio designado para salvar su alma del Infierno? Aún mas, ¿Apoyaría que el gobierno tomara control de su iglesia y la manipulara con objetivos nacionales y de ganancia? ¿Permitiría que un abogado invente e implante nuevas palabras para describir y validar una creencia anti-bíblica para ser incorporada en la doctrina religiosa de su iglesia, un cambio que pudiera afectar su salvación? Estas son las preguntas que me hago mientras me preparo para el Tribunal de Asuntos Eternos.

PARTE 1
PREPARACIÓN PARA LAS AUDIENCIAS

CAPÍTULO 2
CIGARRAS TOSTADAS A LA MIEL

LOS SOBRENOMBRES por lo general significan algo. Si a una persona se le llama "pelirrojo" generalmente solo nos basta verle el color de pelo y así comprendemos el origen del apodo. De la misma forma algunos apellidos tales como Labrador, Escudero, Cantero, o Herrera reflejan ocupaciones y vocaciones de sus ancestros.

En la Biblia, un hombre llamado Juan tenia un sobrenombre. Todos lo llamaban "Juan el Bautista," o una mejor traducción seria, "Juan el que bautiza." Un bautizador, ¡que curioso! Juan era algo curioso. Le podríamos llamar peculiar, por así decirlo. Al vivir en el desierto, Juan estaba algo lejano a la sociedad. Era un habitante del desierto – ¡comía langostas y miel silvestre! Comidas que hoy en día, en esa región, se consideran delicadezas. Vestía ropas hechas de áspero pelo de camello y cinto de cuero.

Cuando Juan el bautizador llegaba a la ciudad, la gente lo notaba. Si usted hubiera vivido en su día, le hubiera convenido reconocer a este hombre, aun así de extraño como era. Oír su mensaje y permitir que Juan lo bautizara hubiera sido una bendición. Todo el concepto del bautismo era algo nuevo para la gente del tiempo de Juan, y probablemente lo consideraban una actividad algo extraña – igual que el hombre que lo predicaba. Aunque la vida de Juan el Bautista no es el tema de este libro, su ocupación, el bautismo, lo es.

Culturalmente, Juan el Bautista provee una introducción muy necesaria al concepto bautismal. El también trajo un nuevo enfoque al concepto del arrepentimiento personal, el doloroso alejamiento del pecado y el cambio hacia una vida recta – otro aspecto del proceso de salvación. En el Antiguo Testamento, la salvación venia por medio del sacrificio anual. Una prórroga anual de los pecados realizada por el derramamiento de sangre de un animal inocente. El bautismo no era parte de los rituales en ese entonces.

Mucho antes que Juan el Bautista exclamara, "Arrepentíos por que el reino de los cielos se ha acercado." (Mateo 3:1-2), la gente hacía un viaje personal al Templo y sacrificaba el animal que pudiera permitirse pagar para deshacerse de sus pecados por un año mas. La historia nos cuenta que el sacrificio anual se había detenido unos seiscientos años antes del llamado de Juan al arrepentimiento. La gente abandonó la adoración en el templo cuando las fuerzas enemigas lo destruyeron. Asique, por muchos años, no se ofreció sacrificio, y los pecados no eran prorrogados. Solo puedo imaginar el peso de la culpa y vergüenza transmitida de generación a generación.

La historia es indispensable para comprender el presente.

Juan predicaba el mensaje de arrepentimiento acompañado de bautismo en agua, ¡pero había mas en su mensaje! Había una promesa: "Viene tras mí el que es mas poderoso que yo, a quien no soy digno de desatar encorvado la correa de su calzado." (Marcos 1:7)

¿Quién era ese del cual Juan hablaba? ¿y porqué, de repente, era el bautismo tan importante? Estas son algunas de las primeras preguntas con las que me encuentro a medida que comienzo a analizar la causa frente a mi.

Juan aportó la respuesta cuando el mismo presentó a Jesús. Casi puedo oír la voz de Juan decir, "He aquí el Cordero de Dios, que quita el pecado del mundo" (Juan 1:29). Jesús fue el sacrificio supremo por los pecados. Israel no fue el único grupo de personas que se benefició de las grandes bendiciones espirituales del sacrificio de Jesús; el plan de redención fue para cada nación. Jesús fue "el Cordero de Dios" que "quitaría el pecado del mundo."

Aunque lo veamos como una labor tan grande, el redimirnos de nuestros pecados fue la misión principal de Jesús. Siendo Jesús el sacrificio supremo por los pecados, un sacrificio anual ya no era necesario. Hasta la llegada de Jesús, nadie asociaba la seguridad de su alma con una sumersión en agua a la que llamamos bautismo. Con el nacimiento de la Iglesia del Nuevo Testamento, el bautismo se convirtió en un componente necesario de la salvación. Marcos 16:16 dice, "El que creyere y fuese bautizado será salvo…." Ahora el arrepentimiento, bautismo y perdón de pecados serian crucial para el plan de salvación. Tal como lo mencioné en la introducción, si el bautismo es importante, la manera en que se realiza también lo es.

Bautismo, arrepentimiento, la sangre de Jesús – van vinculados. El comprender estos conceptos me guían a medida que me preparo para la audiencia. Aún así, me doy cuenta, que tan importante como son el arrepentimiento y la sangre de Jesús, esta audiencia judicial es sobre el bautismo. El mundo cristiano concuerda en el concepto de arrepentimiento y el poder perdonador de la sangre de Jesús. Desde el tiempo en que Juan predicó por primera vez sobre el arrepentimiento hasta ahora, el mundo recibe el arrepentimiento como medio para quitar la culpa acumulada y las conciencias destrozadas. Los cristianos de todo el mundo aceptan a Jesús como el sacrificio por los pecados y reconocen el poder salvador de su sangre.

Los cristianos también aceptan el bautismo. No he oído de ningún convertido rehusarse a ser bautizado (con la excepción de alguna persona que le teme al agua). Lo que si he oído es una diversidad de modos y métodos bautismales. Las diferencias y lugares de división dentro de la iglesia cristiana son la razón por la cual vamos a juicio. A Satanás solo le importa la división, destruir la unidad de la iglesia a pedazos. Eso es un crimen que vale la pena procesar, pero aún tengo mucho mas estudio que hacer y muchas preguntas que contestar.

Encuentro las respuestas a mis preguntas al dar una vista retrospectiva de la Biblia del antiguo Israel. La historia es indispensable para comprender el presente. El Apóstol Pablo animaba a estudiar, especialmente el estudio de las escrituras. En Gálatas 3:24, el escribió que la Palabra de Dios nos guía a Cristo. "De manera que la ley ha sido nuestro ayo, para llevarnos a Cristo, a fin de que fuésemos justificados pro la fe."

Si es conocedor de las historias Bíblicas, entonces recordará como los Israelitas cruzaron el Mar Rojo en el Libro de Éxodo. El milagro del pueblo pasando entre las aguas divididas tipifica el bautismo. Los teólogos se refieren a hechos del Antiguo Testamento que reflejan principios del Nuevo Testamento, como "tipos y sombras." El milagro del Mar Rojo es un tipo o sombra del bautismo.

Otro tipo o sombra simbólica del bautismo en el Antiguo Testamento es la historia de Naamán, el leproso. Imagina la indignación de Naamán cuando el Profeta Eliseo le indica ir al Río Jordán a sumergirse siete veces. Naamán consideraba al Río Jordán como turbio, pero cuando finalmente se humilló y obedeció, Dios le restauró la salud y lo limpió de la lepra. En este caso, la lepra es símbolo del pecado. La historia de Naamán es una hermosa imagen de como el pecado confesado es lavado en el bautismo. La humildad y obediencia dan lugar a lo milagroso.

Otro gran ejemplo de la purificación bautismal hallada en el Antiguo Testamento es la fuente de bronce, la cual estaba en el atrio exterior del Tabernáculo en el desierto. Era el lugar de lavado o limpieza de agua donde los sacerdotes se lavaban las manos de la sangre de los sacrificios de animales.

En el Nuevo Testamento, las personas eran bautizadas por inmersión – lo cuál significa zambullir a la persona completamente bajo agua – mientras que el Nombre del Señor es invocado. La iglesia tradicional practicó el bautismo de total inmersión hasta aproximadamente el año 240 d.C. Una nueva practica apareció en ese periodo con el bautismo de un hombre llamado Novaciano quien retrasó su decisión de bautizarse. Estando enfermo a punto de morir y sin poder moverse de su cama, Novaciano permitió que unos creyentes derramaran agua sobre el para así "bautizarlo."

En tan solo unas pocas décadas, los sacerdotes Católicos Romanos comenzaron a "bautizar" a las legiones de soldados Romanos mientras marchaban en formación junto a masas de agua. Los sacerdotes empuñaban ramas de arboles, las sumergían en las aguas y sacudían gotas de agua sobre los rangos de soldados dando a lugar a un ritual de bautismo masivo. Todo esto, posiblemente, sin el consentimiento o previo arrepentimiento de los soldados. Durante el séptimo siglo d. C., la Iglesia Católica Romana incorporó otra forma de bautismo: el bautismo de niños por aspersión.

Existen variaciones de la practica bautismal. ¿Cuándo, porqué y cómo cambiaron estos rituales? ¿Existe alguna congruencia respecto al bautismo? ¿Cuál es la verdad final? ¿Cuál es la norma Bíblica que debemos ver cuando practicamos el bautismo en nuestras vidas? Por lo tanto, mi jornada de preparación continúa para alegar ante el Tribunal de Asuntos Eternos.

CAPÍTULO 3

INSTRUCCIONES ESPECÍFICAS

EL AROMA A COMIDA PICANTE era tal que casi podía cortarlo con mi cuchillo de mantequilla. Mi imaginación tomaba vida con tal deleite. Estaba a punto de disfrutar una nueva gastronomía. La comida fue una de las mejores experiencias de la visita a Savannah, Georgia.

A medida que el mesero se acercaba a la mesa, podía ver que estaba a punto de pasarla de maravilla. El trajo ostras y almejas en su concha. Las patas de cangrejo real y camarones cocidos a la perfección me atraían con sus tonos naranjas y rosa coral. El vapor del agua se expandía hasta los cielos desde un recipiente con pilas doradas de mazorcas de maíz y patatas rojas. Por supuesto, había suficiente salsa de mantequilla para sumergirlo todo en ella. El aroma del sazonador "Old Bay" era una delicia. ¡Que combinación! ¡Fue como una dinamita para las papilas gustativas!

Saboreando los recuerdos de esa magnifica comida, regreso a la Biblia para continuar mis estudios. Me enfoco en 1 de Reyes, capitulo 17. Según el relato Bíblico, el profeta Elías habló Palabra de Dios al Rey Acab – vendría una gran sequía. A causa de la falta de lluvia en Israel, no habría festines tales como el que yo disfruté en Savannah. Por un tiempo, un escuadrón de cuervos aerotransportaría comida para nutrir a Elías mientras estaba junto al arroyo de Querit. Este si que fue un milagro de la naturaleza, ¡los cuervos nunca comparten su comida! Asombrosamente, Dios eligió usar a estos pájaros mezquinos para alimentar al profeta. Con el tiempo el arroyo de Querit se secó, y era tiempo de que Elías cambiara de sede. Querit era un lugar de solitud, con la excepción de la visita diaria de los cuervos. Con el tiempo, Elías oiría la voz de Dios dirigiéndole a una compañía diferente. La Palabra de Dios le dijo a Elías que se movilizara hacia Sarepta y le indicó específicamente a una viuda que allí vivía. Elías sería el impulsor de las bendiciones de Dios sobre la viuda y su hijo. Como resultado de su obediencia y atención a la detallada instrucción de Dios, otras personas pudieron experimentar la provisión milagrosa del favor de Dios y ser testigos de Su poder.

Dios es un Dios de lo específico y El da instrucciones detalladas.

Al llegar a Sarepta, Elías halló el "restaurante" de la mujer a punto de cerrar. Ella y su hijo estaban recolectando madera para hacer fuego por última vez. Solo había suficiente harina y aceite para una última torta cocida. La mujer y su hijo comerían por última vez y luego se prepararían para morir de hambre.

Imagina la reacción de la mujer al pedido de Elías: "Haz mi torta primero." No había "primeros" ni "segundos." ¿No la había oído anteriormente? ¿Que es lo que no entendía de "última" torta cocida? Ella no tuvo problema en darle agua para beber, pero la torta era su última ración de comida.

De todas formas, pensó ella, si morirían de hambre, ¿que diferencia haría prolongarlo un día más? Asique le preparó una torta cocida. Cuando la mujer y su hijo se sentaron a ver desaparecer el último puñado de comida en las manos de un extraño, el profeta les hizo una petición aún más extraña. "Prepara otra torta para satisfacer tu hambre." Renuentemente, llevó su mirada a su vasija. ¿Que era eso?, se preguntó. Parecía haber mas harina y suficiente para otra torta. Mientras comían, la mujer meditaba sobre como fue posible hacer otra torta.

Tal vez su confianza no era tan fuerte el siguiente día cuando Elías una vez más le indicó "hazme a mí primero." Y para su sorpresa, todavía había harina y aceite. Tal vez no calculó bien. ¿Podría ser que estaba perdiendo la vista? Todos esos pensamientos la abrumaban.

Al tercer día, supongo que comenzó a darse cuenta del milagro. Ella sabía medir bien los ingredientes. Sabía cuanto se necesitaba para cocinar una torta. También ella sabía reconocer que cuando el aceite apenas fluía del contenedor era porque se había acabado. Aun así, cada vez que iba a hornear, era evidente que había suficiente para otro pan. ¡Que maravilloso!

El punto que quiero hacer es que debemos considerar el método científico. La ciencia dicta un método preciso para los experimentos. Debemos tomar notas meticulosas a medida que cambiamos solo una faceta a la vez de un experimento. Será en los extensos detalles que podremos observar y analizar cualquier efecto del cambio en particular que hayamos hecho.

De igual forma, si un panadero desea variar la receta de un pastel deberá cambiar solo un ingrediente o un detalle a la vez para descubrir la clave a su objetivo deseado. El método científico es efectivo si el tiempo y los recursos suficientes están presentes para llevar a cabo el experimento.

Los experimentos le dieron mucho fruto a Thomas Edison cuando intentaba refinar el bombillo para llegar a ser útil y viable. Sin mencionar que le llevó cientos de intentos antes de que finalmente tuviera éxito. El insistió, cambiando mínimos detalles vez tras vez hasta que obtuvo los resultados que lo llevaron al éxito. Le felicitamos. Apreciamos su trabajo. Pero en el mundo de Elías no había tiempo para miles de experimentos. El debía acertar, y a la primera vez.

Los seres humanos deben comer para sobrevivir. Asique

Elías debía escuchar y obedecer las instrucciones de Dios. Dios es un Dios de lo específico y El da instrucciones detalladas. Felizmente, en este caso, Elías ya conocía la atención de Dios a los detalles. El ya había experimentado estar en aprietos. El ya había visto otras victorias al obedecer las instrucciones especificas de Dios. Por fe, Elías esperó que los pájaros le trajeran alimento. El sabía que los caminos del Señor son mas altos que nuestros caminos. El confió en la voz del Señor y obedeció.

Elías, la viuda y su hijo hallaron alimento para muchos días en la harina que probablemente nunca cubrió toda la base de la vasija, y aún así era suficiente cada día. Simbólicamente, el harina y aceite son la Palabra y el Espíritu. Dios provee lo suficiente para nuestro pan diario. Debemos recoger el maná cada mañana – no podemos guardar de más. Debemos estudiar las escrituras diariamente, y alimentar nuestra alma con la provisión de Dios y sus detalladas instrucciones para nuestro día.

Según 1 de Corintios 10:11, "Y estas cosas les acontecieron como ejemplo, y están escritas para amonestarnos a nosotros…" Este pasaje de la Escritura hace referencia lo sucedido en el pasado de Israel. También nos indica un futuro exitoso para los que están dispuestos a aprender. Podemos beneficiarnos de las historias de Noé y Elías, y de todos los que oyeron a Dios con un oído atento. Podemos ser alentados por el hecho que Dios provee una salida, un medio de supervivencia en cada era o dispensación de los tiempos.

Le invito a unirse en reflexión sobre las perspectivas de como realizamos nuestra búsqueda por la salvación. Si Dios es un Dios de lo especifico (ve a tal viuda en tal lugar y dile que haga tal cosa), y si la eternidad no ofrece segundas oportunidades (ni miles de segundas oportunidades como en el caso del Sr. Edison), entonces, ¿cómo podemos triunfar al primer intento? La respuesta se encuentra en las instrucciones detalladas que Dios nos ha dado.

CAPÍTULO 4
UNA PALABRA

EL AIRE ESTA MAÑANA es fresco, el cielo azul sin nubes. Estoy listo para caminar dos millas en la pista de nuestro parque comunitario, el cual lleva el nombre de mi difunto amigo, Raymond. Los pájaros y ardillas están muy activos hoy. La temperatura está por debajo de los 60 grados, asique parece ser el día perfecto.

Mi horario de trabajo me ha prevenido caminar periódicamente como me gustaría, por eso hoy estoy interesado en ver si este hombre de setenta años todavía puede mantener el ritmo. A mi cardiólogo también le interesaría saber, y no estaría muy contento de saber que tan seguido me ausento de mis caminatas. Usando mi celular de cronómetro, comienzo las dos millas de caminata.

Mi enfoque está en mi cadencia, respiración, y como me siento en general. No me falta el aire, no siento dolor de piernas, y vuelta tras vuelta tengo una sensación de bienestar. Disfruto la euforia que siento. Cuando acabo mi última vuelta, me doy cuenta de que mi velocidad a disminuido. Generalmente tardo 31 minutos para completar dos millas, hoy, me tomó 32 minutos. Perdí un minuto.

Puede que pienses que no está mal para un hombre de setenta y dos años, y concuerdo contigo. Pero aún así, algo cambió. Podría culpar al desayuno, la noche anterior, o mis zapatos, pero la verdad es que perdí un minuto. Algo ha cambiado dentro mío. Estoy envejeciendo y perdiendo terreno. Es solo un diminuto minuto, per aún así es un cambio apreciable.

Mi experiencia me lleva a pensar en el Sr. Edison y su bombillo de luz. A pesar de lo bueno e innovador que su investigación fue, su gran invento no serviría de mucho sin la corriente eléctrica. Edison no hubiera inventado la luz eléctrica sin el desarrollo previo de la energía eléctrica. Años antes, un gran giro sucedió para muchos de los descubrimientos de Edison de la mano de hombres como

James Watt y Robert Fulton. Watt había estado trabajando en las primeras pruebas de un prototipo de motor a vapor. Fulton aprovechó el poder del vapor para impulsar su lancha y así comenzar una revolución industrial. Muy pronto, las líneas de montaje a vapor, fábricas textiles, y plantas de energía que producían electricidad, dieron lugar a una ola de descubrimientos que revolucionaron nuestro mundo. Tal vez le debemos mas reconocimiento a Fulton que a Edison. ¿Quién sabe..?

Hay poder en ese uno – un minuto, un grado, una palabra.

En cuanto a la cuestión de convertir material combustible a vapor, ten en cuenta lo siguiente: la electricidad generada en un dinamo accionado a vapor depende de leyes científicas muy específicas. El agua se convierte en vapor, a nivel del mar, a una temperatura de 212 grados Fahrenheit (o 100 grados centígrados). La superficie-volumen del agua a vapor es de 1/1700. En otras palabras, en un contenedor a presión, un galón de agua, teóricamente, se convierte en mas de mil galones de vapor una vez que el agua alcanza su punto de hervor. El volumen de expansión genera una gran presión, la cual se convierte en energía de utilidad.

Pero no mas de formulas científicas. No estoy contento con mis dos millas en 32 minutos y usted no estaría muy feliz tampoco con su electricidad, o la ausencia de esta, a 211 grados Fahrenheit. Un solo grado marca una gran diferencia. El agua no produce vapor si no alcanza el punto de hervor, y sin vapor Edison no podía general electricidad. El bombillo de luz de Edison se mantendría apagado si no se alcanzaba ese único grado de calor. Sin ese grado, no tendríamos plantas textiles de producción masiva y los barcos a vapor no partirían al mar. Tal vez es algo pequeño, pero un grado marca una gran diferencia – solo un grado – solo un minuto.

Hay poder en ese uno – un minuto, un grado, una palabra. En el Huerto del Edén, hubo solo una palabra que marcó la diferencia. La palabra fue "no," y eso cambió todo.

Cada día era perfecto en el Huerto del Edén. Era un lugar perfecto, habitado por personas perfectas, creado por un Dios perfecto. Todo era perfecto hasta aquel día, el día de esa única palabra.

"Pero la serpiente era astuta, mas que todos los animales del campo," según Génesis 3:1. Satanás quería enturbiar el agua de la perfección. No estaba contento con el Huerto del Edén y la comunión que Adán y Eva tenían con Dios. No estaba contento con su rebelde fracaso como arcángel. A la miseria le encanta estar acompañada, y el quería tener la compañía de esos seres creados tan perfectamente por Dios. Satanás quería ver que Adán y Eva fracasaran. ¿Pero cómo podía lograrlo? Su plan que giraba en torno a una sola palabra.

En toda la creación, Dios había provisto una forma en la que Adán y Eva podían demostrar su amor y obediencia a Él. En este maravilloso jardín, Dios había creado áreas que estaban "fuera de alcance." Era un árbol. Si es conocedor de la Biblia, entonces sabe que los árboles tienen mucho significado para Dios. Adán y Eva no debían tocar este árbol en particular. Era el "el árbol de la ciencia del bien y del mal" (Génesis 2:17). No existían limites para el resto de los árboles, excepto este. Dios le dijo a Adán que no comiera de este único árbol. Si Adán y Eva comían, entonces morirían.

El enemigo de nuestra alma, Satanás, en forma de serpiente, comenzó a planear su ataque. Su plan estaba enfocado en lo que le daba a Adán y a Eva la oportunidad de demostrar su obediencia – el árbol de la ciencia del bien y del mal. El plan de Satanás no era un ataque personal a Adán. Adán había escuchado de parte de Dios mismo acerca del fruto prohibido – no había duda en su mente. Pero en lugar de eso, Satanás engañó a Eva, quien había oído de segunda mano la regla sobre el fruto prohibido. A Satanás le disgustan los relatos de testigos de primera mano. No puede competir con un testimonio concreto.

Satanás le dijo a Eva que probara del fruto prohibido. Eva intentó citar las palabras de Adán, "pero del fruto del árbol que esta en medio del huerto dijo Dios: no comeréis de él, ni le tocaréis, para que no muráis" (Génesis 3:3, 4). Y a eso la serpiente manipuló sus palabras. "Entonces la serpiente dijo a la mujer: No moriréis…" Le repitió sus palabras, corrigiéndole al agregar esa palabra, como si ella se hubiera olvidado mencionarla.

Esa palabra extra que Satanás usó hizo que Eva cayera presa de su engañosa maniobra. Desde ahí, ella convenció a Adán que hiciera lo mismo. Es en este momento de la historia cuando Satanás introdujo el pecado a la raza humana y preparó la plataforma para un sufrimiento de gran magnitud. Muchos quieren culpar a Dios por la subsecuente desgracia, pero él no es el culpable. Satanás lo es. Satanás es el que cambió una simple palabra.

Para proveerle una cobertura a Adán y a Eva, Dios mató animales inocentes para así usar sus pieles como vestimenta. Dios les mostró cual es la consecuencia del pecado. Así Dios expulsó a Adán y Eva del Edén, y el dolor del pecado entró en sus vidas. En su situación tan desafortunada, descubrieron la importancia de la obediencia a los planes específicos de Dios.

Es aquí, en mi preparación para la audiencia, que noto el sistema operacional que el enemigo usa en contra nuestra. Me pregunto si veré la decepción nuevamente como un patrón en las tácticas de Satanás. Con cambiar una palabra engañó a la humanidad. Me pregunto si la decepción usando pequeños cambios será su modus operandi.

CAPÍTULO 5
LA PINTURA

NO SOY ARTISTA. Aunque puedo pintar su casa, no podría pintarle un retrato. Tengo apreciación al arte y los genios detrás de cada pincelada. Pero soy una persona muy limitada en cuanto al arte se trata. Asique, parado en el Museo Nacional de Arte, el cual es parte de la Institución Smithsonian en Washington, D.C., me maravillo ante los llamativos embadurnares de pintura que forman el único cuadro frente a mi. Colores azules, verdes, amarillos y rojos se mezclan bailando en el lienzo. Casi puedo oler las flores, y saltar a las inimaginables aguas. Estoy viendo el cuadro de Monet llamado "Lirios de Agua." Pareciera que cuanto mas pronunciadas son las pinceladas en ciertos lienzos, mas valiosa es la obra de arte. Algunas imágenes parecen casi tomar vida.

Y así, de repente, mi imaginación me lleva a la imagen de otro pintor. Esta vez, el pincel es una rama de hisopo en mano de un padre de familia Hebrea. El pigmento es el de sangre fresca, la sangre de un cordero. El lienzo no es de lino o de algún papiro primitivo, sino el poste y entrada de un humilde hogar en Egipto.

Es la noche de Pascua. Según el relato Bíblico de Éxodos 12, la primera Pascua tomó lugar unos cuatrocientos años después que la joven nación de Israel, intentando escapar la hambruna, llegara a Egipto. Hoy, escaparán la muerte, y mañana escaparán de la esclavitud. En Egipto, en la noche de Pascua, esas manchas de sangre, las cuales marcan cada portal judío en Gosén, salvarán muchas vidas. El espíritu de muerte pasará por la tierra de Egipto y solo perdonará la vida del primogénito cuya familia haya aplicado la sangre del cordero sobre su casa.

Futuras generaciones, por medio de una celebración Judía, conmemorarán esta noche pascual, y recordarán su rigor en los siglos por venir. La pintura de sangre en los postales de las puertas son un presagio de las pinceladas mas valiosas que aparecerían en la historia. Es una señal del sacrificio de Jesucristo, cuando una vez más, gracias a su amor por la humanidad, Dios ofrecería sangre inocente para cubrir nuestras almas. El triste error de Adán y Eva causaron el derramamiento de sangre inocente para así poder cubrirse. De la misma forma, los animales muertos en Gosén, proveyeron una cobertura de protección de la muerte en esa primera noche de Pascua. Así mismo, la sangre de Jesús, el Cordero de Dios, nos ofrece una cobertura y perdón de todos nuestros pecados.

La historia del Éxodo esta repleta de hermosas tipologías. La esclavitud en Egipto tipifica nuestra existencia pecaminosa como prisioneros de Satanás. El escape de Egipto es un reflejo de nuestra conversión del pecado a salvación. El cruce del Mar Rojo es una imagen del bautismo en agua.

Cuando pienso en como los Israelitas vagaron por el desierto, mi mente me lleva pensar en nuestras vidas como hijos de Dios. Nuestro caminar con el Señor es un peregrinaje espiritual, incluyendo las luchas y tribulaciones, y también el apoyo de la provisión diaria. El pueblo de Israel contaba con el maná, codornices, agua de la roca, y la protección de una nube de día y una columna de fuego de noche. Tenían sustento y su calzado y ropas no envejecían. Su jornada es una maravillosa ilustración que tiene como fin alentarnos mientras pasamos por nuestro propio éxodo del pecado. De igual forma como lo hizo con ellos, Dios nos protege y provee para nuestra necesidad espiritual.

La mas importante tipología en la historia de la Pascua es la sangre. La sangre en los postes de las casas nos da una imagen de amor que se revela en el transcurso de la vida de Jesucristo. Habrá sangre en otra puerta. Jesús dijo, "Yo soy la puerta; el que por mí entrare, será salvo; y entrará, y saldrá, y hallará pastos." (Juan 10:9). Habrá Sangre de otro Cordero sin mancha. "… del cordero que fue inmolado desde el principio del mundo." (Apocalipsis 13:8). Esta pintura toma vida cuando el Cordero derrama su sangre para comprar la salvación de la humanidad. Su sacrificio paga por completo la deuda del pecado, resultado del engaño de Satanás y la desobediencia de la humanidad.

No hay nada que debamos o podamos hacer, para añadir al pago hecho por la preciosa sangre de Jesús que nos redime de nuestro estado pecaminoso. El sacrificio del Cordero de Dios provee un pago completo por nuestros pecados. Es nuestra responsabilidad elegir aplicar la sangre de Cristo sobre nuestras vidas y aceptar el regalo de Su Espíritu.

Es nuestra responsabilidad elegir aplicar la sangre de Cristo sobre nuestras vidas y aceptar el regalo de Su Espíritu.

Ya que Dios es un Dios santo, llamamos a su Espíritu el

"Espíritu Santo." Al tercer día, después de su cruel muerte en una cruz Romana, Jesús se levantó de entre los muertos, por lo tanto, algunas escrituras se refieren a Él como el Espíritu Santo, porque la naturaleza de Dios es santa.

En el Libro de los Hechos, el registro del comienzo de la Iglesia del Nuevo Testamento, los creyentes recibieron el don del Espíritu Santo por primera vez. Los atónitos espectadores que fueron testigos del poder de Dios preguntaron que debían hacer. Un servicial Apóstol de Jesús, Pedro, se puso en pie y se dirigió a la muchedumbre. Su respuesta fue: "Arrepentíos, y bautícese cada uno de vosotros en el nombre de Jesucristo para perdón de los pecados; y recibiréis el don del Espíritu Santo." (Hechos 2:38).

En Hechos 2, los creyentes hablaron en lenguajes que no conocían; esa fue la primera señal del recibimiento del Espíritu Santo. El don es "Cristo en vosotros, la esperanza de gloria" (Colosenses 1:27). El don del Espíritu Santo es el Consolador del cual Jesús habló en el Evangelio de Juan, en los capítulos 14, 15 y 16. En Juan 14:18, Jesús dijo, "No os dejaré huérfanos; vendré a vosotros."

Nos asombra el Poder de Dios. El hecho de poder tener acceso a la sangre del Cordero sin mancha que nos da remisión de nuestros pecados abruma nuestra comprensión. En Mateo 26:28, Jesús dijo, "esto es mi sangre…que por muchos es derramada para remisión de los pecados."

La remisión se obtiene por medio del derramamiento de sangre. ¿La sangre de quién? ¡La del Cordero! ¿Quién era el Cordero? ¡Jesús! Asique, ahora nos encontramos cara a cara con el Evangelio de Cristo: la muerte, sepultura y resurrección de Jesucristo. Jesús el Mesías, vino a salvarnos de nuestra propia desgracia humana. El pagó por nuestra salvación con su propia sangre; la sangre de Jesús nos salva.

Por lo tanto, sangre fue derramada en el huerto por Adán y Eva. Fue derramada por la nación de Israel en Gosén en víspera a su éxodo de Egipto, siendo conscientes de toda su tipología. Y sangre fue derramada en el calvario para limpiarnos del pecado.

2 de Tesalonicenses 1:8 afirma que debemos obedecer al Evangelio para escapar del castigo. ¿Acaso no es el Evangelio "buenas nuevas" de la muerte, sepultura y resurrección de Jesús? ¿Cómo podemos obedecer el Evangelio? La Biblia nos dice que hacer.

La primera parte del Evangelio es la muerte de Jesús. Obedecemos la muerte de Jesús cuando nos arrepentimos de nuestros pecados y morimos al pecado. El arrepentimiento es la "muerte," y debemos morir a diario (1 Corintios 15:31). La segunda parte del Evangelio es la sepultura de Jesús. Obedecemos su sepultura cuando somos bautizados en agua. El bautismo es nuestra "sepultura" espiritual (Romanos 6:4 y Colosenses 2:12). Luego vemos la tercera parte del Evangelio, la "resurrección." Cuando obedecemos la resurrección de Jesús, somos levantados de una muerte espiritual a una vida nueva. El único poder que es suficientemente fuerte para levantarnos a una vida nueva es el poder de Dios – el Espíritu Santo. Cuando recibimos el regalo de una vida nueva, somos hechos nuevas criaturas, somos "nacidos de nuevo" (2 Corintios 5:17).

En Romanos 6:4, el Apóstol Pablo dijo, "Porque somos sepultados juntamente con él para muerte por el bautismo, a fin de que como Cristo resucitó de los muertos por la gloria del Padre, así también nosotros andemos en vida nueva."

Dependemos de la sangre para pagar la remisión de nuestros pecados. Jesús derramó su sangre como pago por nuestros pecados. Somos sepultados con él cuando somos bautizados. Ya que conocemos esta verdad, tiene sentido que las instrucciones de Pedro fueran que debemos bautizarnos en el Nombre de Jesús. La sangre de Jesucristo es una parte fundamental del plan especifico de salvación dado por un Dios de lo especifico. A través de la Biblia, Dios pinta la imagen de un increíble amor. Su tan hermosa obra artística ha estado en progreso desde el principio del mundo (Apocalipsis 13:8).

CAPÍTULO 6
LOS HECHOS, SOLO LOS HECHOS

ME INTERESA CONOCER LOS HECHOS que influyen sobre mi alma, tu alma, y las almas de todos nuestros seres queridos. Ya vimos el gran peso de la eternidad, el hecho que Dios es especifico y nos da instrucciones claras, y que Satanás es experto en hacer pequeños y sutiles cambios al plan divino de Dios.

La voz que podemos confiar es la Santa Biblia – la Palabra escrita de Dios. En ella Dios nos da el plan de salvación, y sabemos que el bautismo es parte del plan. Miremos las practicas bautismales en la iglesia de hoy a la luz de la más poderosa Evidencia que tenemos – La Palabra de Dios.

Existen millones de maravillosas personas en el mundo de hoy que han experimentado el bautismo en agua bajo la mención de estas palabras: "En el nombre del Padre, y del Hijo, y del Espíritu Santo." Esta fórmula bautismal esta basada en Mateo 28:19, donde Jesús dijo, "Por tanto, id y haced discípulos a todas las naciones, bautizándolos en el nombre del Padre, y del Hijo, y del Espíritu Santo."

Este verso es muchas veces interpretado en una forma muy diferente a como la iglesia primitiva lo hizo. A luz del verso que recién leímos, es interesante y asombroso que la Biblia registra a los creyentes primitivos ser bautizados en el nombre de "Jesús." Debo hallar una explicación al porque hubo un cambio del método bautismal de la Iglesia Cristiana primitiva al que muchos usan hoy. ¿Cuándo cambió la formula bautismal, y cómo se popularizó el nuevo modo?

Basado en las palabras de Jesús según Mateo 28:19, cada bautismo registrado en la Biblia fue realizado en el Nombre de Jesús. Si el Apóstol Pedro oyó a Jesús decir que había de bautizar "en el nombre del Padre, Hijo y Espíritu Santo," entonces ¿por qué Pedro cuando predicó a los creyentes les dijo que debían ser bautizados en el Nombre de Jesús? (Hechos 2:38)

He oído a muchos decir, "Yo prefiero obedecer las palabras de Jesús mas que las de Pedro." Cuando estudiamos las escrituras, vemos que ambos Jesús y Pedro dijeron lo mismo. Aún mas, si la Biblia se contradijera en estos dos pasajes, entonces nos enfrentaríamos a un problema mayor sobre la exactitud de la Biblia.

> **No fue por medio de un gran cambio, sino, lo suficiente para lograr desconectar a la humanidad del Poder adquirido en la Cruz del Calvario.**

Francamente, si se siente primordialmente interesado en las palabras de Jesús, entonces medite en sus palabras en Lucas 24:47. "Y que se predicase en su nombre el arrepentimiento y el perdón de pecados en todas las naciones comenzando desde Jerusalén." Pareciera que alguien mas estuviese hablando sobre Jesús en este pasaje, pero es Jesús mismo quien cita una profesía del Antiguo Testamento sobre Él. En una Biblia de letras rojas, este versículo está escrito en rojo. Véalo por usted mismo. Algunas Biblias incluyen referencias entre Mateo 28:19 y Lucas 24:47; ambos versículos se refieren a la misma historia contada por diferentes autores. El estudiar estas dos escrituras y Hechos 2:38, nos permite ver un común denominador. Cada verso se refiere a un "nombre" en singular. Un Nombre. Ese Nombre pertenece al Único que derramó su sangre y murió, Jesús.

Es un hecho Bíblico; la iglesia del Nuevo Testamento bautizaba en el Nombre de Jesús. A continuación, encontrará una lista de escrituras que demuestran el único modo bautismal utilizado por la Iglesia del Nuevo Testamento.

Hechos 8:16 *"porque aún no había descendido sobre ninguno de ellos, sino que solamente habían sido bautizados en el nombre de Jesús."*

Hechos 10:48 *"Y mandó bautizarles en el nombre del Señor Jesús. Entonces le rogaron que se quedase por algunos días."*

Hechos 19:5 *"Cuando oyeron esto, fueron bautizados en el nombre del Señor Jesús."*

Hechos 22:16 *"Ahora, pues, ¿por qué te detienes? Levántate y bautízate, y lava tus pecados, invocando su nombre."*

Hemos examinado la Evidencia en la Palabra de Dios. Conocemos los hechos, pero aún nos falta una pieza del rompecabezas. ¿Que causó el cambio en la formula bautismal? Debemos presentar maás evidencia. No existe referencia Bíblica alguna que indique el cambio del uso del "Nombre de Jesús" al del "Nombre del Padre, Hijo y Espíritu Santo." Para poder identificar el cambio, debemos ver las pruebas presentadas en los relatos de la historia religiosa aparte de la Biblia.

¿Cuándo cambió la formula bautismal, y cómo se popularizó el nuevo modo?

No existe un mejor lugar para presentar pruebas que una sala de juicio. En el próximo capítulo, comenzaremos un juicio de proporciones eternales. Pero, primeramente, permítame asentar las bases.

ENTRAMOS EN LA SALA
DEL TRIBUNAL DE ASUNTOS ETERNOS

Satanás, el enemigo de nuestras almas, es acusado de pervertir la Verdad del Evangelio. No fue por medio de un gran cambio, sino, lo suficiente para lograr desconectar a la humanidad del Poder adquirido en la Cruz del Calvario. El cambió una palabra (un Nombre) en el plan específico de Dios para la salvación de la humanidad. Fue suficiente para descarrilar el plan de redención, pero no lo suficiente para alejar a la humanidad de la religión. No quiso causar una gran alarma sino simplemente hacer un pequeño giro. Tal como en el Huerto del Edén; Satanás no dijo: "Dios no les habló a ti y a Adán." Lo que quiso decirles fue: "Tu no le entendiste bien."

Usted también tiene un rol en este Tribunal de Asuntos Eternos. Usted está convocado a ser parte del jurado. Usa tu imaginación para visualizar e iluminar las pruebas mientras que presento a varias figuras históricas a testificar bajo juramento. El tribunal examinará los eventos y las personalidades que rodearon los cambios en las practicas de la iglesia concernientes al bautismo. Que se hable la verdad, toda la verdad, y nada más que la verdad – tal cual lo afirma el Dios Todopoderoso.

PARTE 2
TRIBUNAL DE ASUNTOS ETERNOS

CAPÍTULO 7
EL PRIMER TESTIGO

UNA VISITA AL JUZGADO DE MI ANTIGUA CIUDAD

SENTADO EN LA SALA DEL JUZGADO de un Honorable Juez Federal, admiro la tan compleja y hermosa obra de ebanistería en los pulido paneles situados detrás de la mesa del juez. Este edificio tiene un aroma particular. Es el mismo aroma de cuando vine de pequeño. Mi madre me traía a este juzgado para enviar paquetes en la oficina de correos que se encontraba en el primer piso.

Recuerdo muy bien al caballero que operaba en el pequeño puesto de comida. El era ciego, pero a pesar de su incapacidad siempre era muy agradable. Me maravillaba su habilidad para contar y entregarnos el vuelto exacto cada vez que le comprábamos goma de mascar o alguna golosina.

Hoy me encuentro en el juzgado en respuesta a una citación de comparecencia para cumplir mi deber de Jurado Federal. Es la primera vez para mi. Y tendré otra primera vez cuando sea elegido al cargo público de: Portavoz del Jurado.

No daré los detalles del litigio de ese día, pero si vale la pena compartir un hecho en particular. Y es en relación con el abogado defensor. Durante el proceso de selección del jurado, cuando los posibles miembros del jurado responden ciertas preguntas, el abogado defensor hizo una declaración que básicamente concedía a la culpabilidad de su cliente. No creo que se dio cuenta del impacto de sus palabras. El juicio no tuvo buenos resultados para su cliente.

Ahora nuestra atención se dirige a otra sala del juzgado un

lugar lleno de personas reales de la historia, todas relevantes al tema en cuestión. El acusado es Satanás, y es acusado de pervertir la Verdad de el Evangelio de Cristo. La gravedad de la situación pesa grandemente sobre todos en la sala. El destino eterno de cada alma depende de la Sangre redentora de Jesucristo – por eso es tan importante conocer la Verdad.

En este caso de perversión de la verdad, Satanás es acusado de manipular el plan de Dios para prevenir que el poder de la sangre de Jesús prevalezca en las vidas de los creyentes. Al remover el Nombre de Jesús del bautismo, el archienemigo de nuestras almas hizo su mayor esfuerzo para prevenir nuestra relación personal con la remisión, o el perdón, de los pecados.

A primera vista, el cambiar la fórmula bautismal parecería un cambio pequeño, pero recuerde que no se requiere de un gran cambio de temperatura para que la bombilla de Edison se apague o el barco a vapor de Fulton se detenga. El crimen de Satanás es de gran importancia. El ha engañado a muchos a creer que no es importante mencionar el Nombre de Jesús en el bautismo. Jesús – es el Nombre del que derramó su sangre para pagar el precio por el perdón de los pecados.

La sala del juzgado queda en silencio mientras que todos nos ponemos de pie y el jurado hace su juramento. Un funcionario judicial da las instrucciones al jurado. "Olviden todo lo que hayan oído que pudiera influenciar su parcialidad ante los hechos presentados. Hoy todo lo que debe interesarles es la verdad." Y como miembro del jurado, esta instrucción es para usted, mi lector.

El destino eterno de cada alma depende de la Sangre redentora de Jesucristo – por eso es tan importante conocer la Verdad.

TESTIGO NÚMERO UNO

Se llama a nuestro primer testigo al banquillo de testigos: es un líder mundial arrogante y egoísta, muy conocido por los historiadores. Su nombre es Nerón. A pesar de haber cometidos tantos horrendos crímenes en contra de la humanidad, y en camino a su propio juicio, en este momento el es solo un testigo. Se le llama a testificar sobre su participación en contra del Imperio Romano, el cual llevó a la corrupción de la iglesia y por consecuente, la perversión doctrinal.

Yo soy el único abogado presente – el fiscal. No hay ningún abogado dispuesto a presentar una defensa a favor del diablo. Me dirijo al banquillo de testigos y comienza la interrogación.

"Tome asiento. Por favor diga su nombre."

"Mi nombre es Nerón, Emperador de Roma."

"¿Durante que periodo de la historia fue usted Emperador de Roma?"

"Desde 54 d.C. hasta 68 d.C. 14 años."

"¿Es verdad que se considera no solo el único de los mas grandiosos emperadores de Roma, sino que también un experto ejecutor de las artes? ¿Un cantante, músico y poeta?"

"Oh, si, ¡por supuesto!"

"¿Está al tanto que muchos de sus súbditos no disfrutaban su música o poesía? ¿Que eran obligados a sentarse y soportar sus interpretaciones?

"Algunas personas no saben apreciar las artes. Por eso se les debe obligar a cultivar el gusto por los mas finos espectáculos."

"No es usted el emperador Romano responsable por el martirio de la mayoría de los Apóstoles de Jesucristo?"

"Si. Fue un placer. Como probablemente ya sabe, ellos creían en un solo Dios. Nosotros, los romanos, muy sabiamente reconocemos que hay muchos dioses."

"¿Es verdad que usted consideraba a Roma tan despreciable, a tal punto de querer reedificarla?"

"Si. Era sucia, asquerosa y desorganizada."

"¿Entonces, usted deliberadamente incendió la ciudad de Roma para reducirla a cenizas?"

"Si."

"¿Y es verdad que usted se sentó en su torre a tocar la lira mientras veía como Roma ardía?"

"Si, es verdad, pero, bueno, no puedo recordar exactamente que instrumento estaba tocando. Roma debía arder para poder reedificarla y mejorarla. Era un acto digno de celebrar con música."

"¿Es también verdad que, a causa de ser acusado de ser culpable del incendio, usted acusó a los cristianos de Roma para salvar su pellejo?"

"Si, pero no causé ningún daño con eso. De todas formas, los cristianos eran unos locos."

"¿Cuantos cristianos Romanos murieron a causa de su falsa acusación?"

"No lo se exactamente. Tal vez unos cuantos miles, pero no eran de importancia para mi."

"¿Es verdad que mató a cristianos colocándoles cera en sus ropas para luego prenderles fuego y usarlos como antorchas en su jardín y así iluminar las festividades nocturnas? ¿Y que a otros se les colocaban pieles de animales y eran echados a animales feroces en el Coliseo?"

"Si, todo eso es verdad."

"No tengo mas preguntas. Puede bajar del estrado."

En este momento el jurado tomará un receso. Muchos miembros del jurado se sienten mareados y con nauseas tras haber oído al testigo y su rol en la persecución de los cristianos y la preparación cultural en contra de ellos.

CAPÍTULO 8
UNA NUEVA PALABRA

MIENTRAS EL JURADO regresa a sus lugares, me dirijo nuevamente al tribunal en mi rol de Fiscal. "Antes de llamar a mi próximo testigo, me gustaría presentar evidencia histórica para argumentar mi caso."

El Espíritu de Verdad me da lugar. "Puede proceder."

"Durante el floreciente primer o segundo siglo de la joven Iglesia del Nuevo Testamento, hubo dos grandes propagaciones de la fe. A pesar de la persecución, la realidad de una relación íntima con el único Dios del universo llevó a grandes multitudes a la conversión del cristianismo. Se convertían del judaísmo, de la mitología griega, de la adoración a Baal y otros ídolos, y de cualquier otra forma de religión que fuese prevaleciente en ese tiempo."

"Tal como sucede con cualquier cambio, hubo dolor de crecimiento. La falta de accesibilidad a los escritos de la Escritura eran el talón de Aquiles para el joven cuerpo de creyentes. El Nuevo Testamento recientemente escrito, era relativamente inaccesible para el estudio. Los que seguían la cultura judía estaban activamente comprometidos a la memorización del Antiguo Testamento, pero los gentiles no tenían ese conocimiento fundacional. La filosofía griega y otras influencias gentiles comenzaron a conjurar leyendas sobre la escritura del Nuevo Testamento. Con el tiempo, una mezcla de verdades a medias y leyendas comenzó a desafiar la veracidad de la remembranza cristiana."

"Problemas se avecinaron a medida que las fuerzas de Satanás tomaban ventaja del conocimiento de los nuevos convertidos. Existe un gran peligro cada vez que un creyente no está seguro de la Palabra de Dios. Tal cual sucedió en el engaño del Huerto del Edén, Satanás comenzó a tergiversar la Palabra de Dios una vez más."

"A causa de puntos de vista conflictivos, un clamor de discordia y desacuerdo creció en gran magnitud entre los obispos, clérigos, y el liderazgo general de la iglesia. El tema en cuestión era la Cristología. Argumentaban quien fue Jesús. Platón, el afamado filosofo Griego, perpetuó una parte del combustible inicial del furor."

TESTIGO NÚMERO DOS

"Por lo tanto, llamo a mi siguiente testigo – Platón – al estrado."

Las voces se convierten en murmuro en la sala cuando Platón entra y toma su lugar en el estrado.

"¿Jura decir la verdad, toda la verdad, y nada mas que la verdad?"

"Si, lo juro." Dice Platón.

Y así comienza el interrogatorio. "Usted fue y es un hombre de gran influencia." "La gente ha estudiado sus pensamientos y enseñanzas por cientos de años y ha tenido una perspectiva muy única sobre el Dios de Israel. ¿Puede explicar su posición y razonamiento?"

"Desde luego! Un Dios tan poderoso como Jehová el Dios de Israel, o al menos tan grande como se lo describe, es un ser intocable. Dios está sobre todo; y es lógicamente, imposible que un Dios tan poderoso pudiera soportar el sufrimiento mortal y muerte que Jesús experimentó," explica Platón. "La declaración de Jesús al decir que el es Dios, es bastante extravagante." "Asique, usted dice que Jesús declaraba decir ser Dios. ¿Puede clarificar eso?"

"Aunque Jesús mismo dijo a sus discípulos ser el Dios Todopoderoso como está escrito en Juan 14:9, sería imposible que el Dios Todopoderoso habitara en un cuerpo humano. Los creyentes dicen que Dios preparó un cuerpo – Jesús – específicamente para el sacrificio. Eso se encuentra en Hebreos 10:5. Juan el Bautista declaraba que Jesús era el Cordero de Dios quien vino a quitar los pecados del mundo, tal lo menciona Juan 1:29. Como el Cordero de Dios, Jesús supuestamente derramó su sangre por nuestros pecados. Es claro que todo eso es imposible."

"¿Señor es usted o sus colegas, un ministro?"

"No, no soy un ministro. Soy un filosofo, al igual que mis contemporáneos."

"Usted cree en Dios?"

"Creo en dioses, por supuesto, dioses Griegos."

"Puede hablarnos mas sobre esos dioses?"

"Los griegos adoran a muchos dioses. Algunos son dioses del materialismo, la sensualidad, y de la forma humana. Otros son dioses de la mitología Griega. Muchas veces los adoramos como dioses de la tríada, los Griegos ven la deidad en grupos de tres."

"¿Los lideres de las iglesias después de su tiempo, escucharon sus ideas y reflexiones?"

"Si. Como usted mismo lo dijo, yo soy un hombre muy influyente."

"¿Usted sabe que los argumentos cristianos se produjeron muchos años después como un resultado directo de su influencia?"

"Me agrada saber eso," dijo Platón en un tono arrogante.

"Eso es todo. Puede bajar del estrado. Ahora llamo a mi siguiente testigo."

EL TERCER TESTIGO

Mientras el próximo testigo se acerca al estrado, comienzo la interrogación. "Por favor diga su nombre, la época en la que vivió, y algo sobre usted."

"Mi nombre es Jámblico, y soy de la Escuela neoplatónica de Alejandría. Somos estudiantes de Platón, quien comenzó esta institución hace unos seiscientos años. Viví durante el tercer siglo D.C., o como actualmente algunos se refieren, la era actual."

"Entiendo que hubo muchos lideres cristianos durante su tiempo quienes fueron influenciados por la filosofía griega y algunas de las ideas de Platón. ¿Que sucedió en la iglesia cristiana a causa de la influencia de la filosofía griega?"

"Esto incitó una obsesión con la conmoción de la Cristología, tal se la conoce en términos sencillos."

"Es el estudio de Cristo. Investiga la humanidad de Cristo y la supuesta deidad, vida y milagros. La gente comenzó a hacer preguntas sobre quien era Jesús. ¿Era Jesús un "Dios junior"? ¿O seria que Dios adoptó a Jesús como hijo? ¿Era Jesús una persona aparte, pero semejante a Dios? ¿O era Él, Dios?"

"Ya veo. ¿Puede explicar su creencia personal sobre este tema?" Le pregunto.

"Si, pero tal vez usted no lo comprenda. Primero, de acuerdo con el razonamiento Neoplatónico, yo vi al Dios de Israel como un dios transcendente e incomunicable. Además, en adición a este dios, yo vi a otro en una posición mediante, entre el Dios y lo demás, el productor del intelecto. Esta es la díada o dúo inicial. Además de estos dos, agregamos y asignamos un tercer rango a Demiurgo o el Dios Creador, el Logos, por consiguiente, tenemos una tríada, o un triple aspecto divino.

Esta explicación esta de acuerdo con el Neoplatonismo y sus ideas." Jámblico, intenta explicar tan rápido como habla.

> **"Usted admite que Jesús fue crucificado por decir ser Dios y luego usted mismo niega esta misma declaración."**

"Si Jesús fuera Dios, seria imposible que sufriera la muerte, tal lo explica el argumento de Platón," continúa. "Por lo tanto, un dios incomunicable, luego uno que produce el intelecto, y también uno que es el creador."

"Todo esto es muy confuso y para nada congruente con lo que la Biblia habla sobre Dios," le explico. "Que puede decirnos sobre eso?"

"Bueno, es muy difícil poder comprenderlo todo."

"Eso parece, de acuerdo a su trabajo literario, Teúrgia, usted ha incorporado el plan Asirio-Caldeo de un orden divino de tres, un poco de zoroastrismo, algo de hinduismo y la adoración egipcia a Amón. Todo esto crea una nebulosa confusión."

"De hecho, todas esas influencias contribuyen a nuestro esfuerzo filosófico de entender la divinidad." Admite Jámblico.

"Gracias por demostrarnos que tan confundidos estaban todos ustedes los filósofos," le digo. "Está usted al tanto que el Apóstol Pablo predijo el debate de la Cristología cuando le escribió a los creyentes Colosenses? El escribió, "Mirad que nadie os engañe por medio de filosofías y huecas sutilezas, según las tradiciones de los hombres, conforme a los rudimentos del mundo, y no según Cristo." Tal cual lo registra Colosenses 2:8."

"Lo he leído."

"Pareciera ser que las discusiones sobre la Cristología descubrieron una deslumbrante ironía. Si Jesús fue solo un Dios menor, o un hijo adoptado, el nunca hubiera sido crucificado. ¿Pudiera decirnos porque fue Jesús crucificado?"

"Jesús murió como resultado de sus declaraciones de ser el Dios todopoderoso en la carne." Dijo Jámblico.

"Las palabras de Jesús están registradas en Lucas 11:20, 'Mas si por el dedo de Dios echo yo fuera los demonios, ciertamente el reino de Dios ha llegado a vosotros.' En Juan 10:30 y 33, Jesús dijo 'Yo y el Padre uno somos. Le respondieron los judíos, diciendo: Por buena obra no te apedreamos, sino por la blasfemia; por que tú, siendo hombre, te haces Dios."

"Para los judíos, esta era una ofensa muy grave, que Cristo dijera que El era Dios manifestado en carne. ¿Por qué más hubieran crucificado a Jesús?" Le pregunto.

"Esa era la razón – El murió por que decía ser Dios," Dijo Jámblico.

"Usted ha indicado la causa por la cual fue crucificado, aún así la historia nos dice que en unos cortos 300 años, los teólogos, influenciados por la filosofía griega, perdieron de vista lo que en esencia causó la muerte de Jesús. Estamos de acuerdo que Él fue crucificado porque decía ser Dios en forma humana. Los líderes religiosos lo querían muerto por su declaración de ser Dios. Y todo esto era parte del plan de Dios para proveer el sacrificio perfecto por los pecados de la humanidad."

"La escritura nos dice que Él es la imagen misma de Dios (Hebreos 1:3 y Colosenses 1:15). Sin duda, irónico. Usted admite que Jesús fue crucificado por decir ser Dios y luego usted mismo niega esta misma declaración."

Me dirijo al jurado y les indico mi siguiente acción a tomar.

"Antes de finalizar mi interrogación del testigo, hay un par de cosas mas que deseo explorar, especialmente considerando el hecho que el sigue muy de cerca las ideas de Platón, las cuales influyeron profundamente en los cambios de la practica bautismal. Les presento la Prueba No. 1, un gráfico." Muestro el gráfico y lo coloco en el caballete.

"Este gráfico presenta tres versos Bíblicos en una forma circular, con una flecha entre cada verso. El primer verso es Mateo 1:20, el cual demuestra que el Padre es el Espíritu Santo," les explico. "Y pensando él en esto, he aquí un ángel del Señor le apareció en sueños y le dijo: José, hijo de David, no temas recibir a María tu mujer, porque lo que en ella es engendrado, del Espíritu Santo es."

"El segundo verso es Juan 14:17, el cual demuestra que el Espíritu Santo es el Hijo. "El Espíritu de verdad, al cual el mundo no puede recibir, porque no le ve, ni le conoce; pero vosotros le conocéis, porque mora con vosotros, y estará en vosotros."

"El tercer verso es Juan 14:8-9, el cual demuestra que el Hijo es el Padre. "Felipe le dijo: Señor, muéstranos el Padre, y nos basta. Jesús le dijo: ¿Tanto tiempo hace que estoy con vosotros, y no me has conocido, Felipe? El que me ha visto a mí, ha visto al Padre; ¿cómo, pues, dices tú: Muéstranos el Padre?

"La Escritura confirma que hay un solo Dios. Tal como el gráfico muestra un fluir circular, sin separación entre el Padre, Hijo y Espíritu Santo. En el centro del circulo se pueden ver otras cuatro referencias bíblicas. Deuteronomio 6:4, dice, "Oye, Israel: Jehová nuestro Dios, Jehová uno es." 1 Juan 5:7 "Porque tres son los que dan testimonio en el cielo: el Padre, el Verbo y el Espíritu Santo; y estos tres son uno." Y Juan 1:1 y 14, "En el principio era el Verbo, y el Verbo era con Dios, y el Verbo era Dios. Y aquel Verbo fue hecho carne, y habitó entre nosotros (y vimos su gloria, gloria como del unigénito del Padre), lleno de gracia y de verdad."

Los Apóstoles sabían muy bien quien fue Jesús y habrían tenido mejor conocimiento de sus enzeñanzas, mas que un abogado nacido 200 años después.

Me giro en dirección al testigo.

"Jámblico, dirijo su atención al gráfico. Por favor lea las escrituras y dígame si son referencias auténticas de la Santa Biblia."

"Si, son escrituras de la

Biblia." Dice Jámblico.

"¿Se refieren estas escrituras a la misma persona, Jesucristo?"

"Si, las escrituras se refieren a Jesucristo."

"Gracias. Según estos versos, los términos Padre, Hijo y Espíritu Santo se usan en forma intercambiable, todos refiriéndose al Único Dios.

"Mateo 1:20, dice que el Espíritu Santo es el Padre de Jesús. Entonces en Juan 14:8-9, Jesús declara que vemos al Padre (el Espíritu Santo) cuando lo vemos a El.

"En Juan 14:17, vemos que Jesús habita con nosotros en la tierra y luego es Él quien viviría en nosotros, como vemos que sucedió en Hechos 2.

"La teoría Neoplatónica de la deidad en tres personas distintas, es errónea. Según estos versos hay un solo Dios, y su Nombre es Jesús. Juan 8:28 señala específicamente su error cuando Jesús dice, "Por eso os dije que moriréis en vuestros pecados; porque si no creéis que yo soy, en vuestros pecados moriréis."

"Es un lenguaje bastante fuerte, pero muestra claramente que Jesús no quiere que usted se pierda eternamente. ¿Está de acuerdo en esto?"

Jámblico concuerda asintiendo con la cabeza.

En este momento el taquígrafo de la corte levanta su mano y se dirige al testigo, "Por favor hable claro para la corte."

Jámblico obedece. "Si, la respuesta es si."

"Puede bajar del estrado. Llamo a mi siguiente testigo."

TESTIGO NÚMERO CUATRO

"Por favor diga su nombre para la corte."

"Quinto Septimio Florente Tertuliano. Los anglicanos me

llaman Tertuliano."
"¿En que año nació, y donde?"
"En el 160 D.C. En Cartago, una provincia Romana del norte de Africa."
"Su ocupación?"
"Fui instruido y me desempeñé como abogado."
"Ya veo. Como usted sabe, generalmente cuando hay un cambio en la cultura, la sociedad inventa nuevas palabras para reforzar esa nueva cultura. Por ejemplo, Shakespeare fue quien acuñó la palabra adicción en los años 1600. Genocidio formó parte de nuestro vocabulario en 1944. Selfie se convirtió en una palabra en el 2003. La invención de nuevas palabras no es un nuevo fenómeno. ¿En su tiempo, se acuñaron palabras nuevas?"
"Si. De hecho, yo mismo acuñé unas varias." Dijo Tertuliano.
"¿Es cierto que a usted se le atribuye la invención de un nuevo termino para describir la filosofía emergente de "Tres Personas, Una Substancia, en referencia a la Cristología de Jesucristo?"
"Si."
"¿Puede claramente indicar a la corte cual fue esa nueva palabra?"
"Por supuesto, la palabra es trinidad."
"¿Esta al tanto que esta nueva palabra, trinidad, le da gran substancia a un concepto tan defectuoso que debió ser argumentando muchas veces desde que el dignitario de la iglesia, Montanus, lo presentara en 156 D.C.? ¿Si el concepto de la trinidad hubiera sido la idea prevaleciente alrededor de 33 D.C., esto hubiera diluido tremendamente la identidad de Jesús, a tal punto que tal vez nunca hubiera sido crucificado?"
"Posiblemente. Nunca lo había pensado de esa manera…"

"Muchos se preguntan como pudo usted saber mas de los asuntos de Jesús que sus Apóstoles, quienes fueron testigos oculares de su vida. Los Apóstoles sabían muy bien quien fue Jesús y habrían tenido mejor conocimiento de sus enzeñanzas, mas que un abogado nacido 200 años después. ¿No le parece?"

"No voy a responder a esa pregunta." Dijo Tertuliano.

"Este testigo no quiere incriminarse. No hay mas preguntas."

CAPÍTULO 9
LAS CONSECUENCIAS

ALLI ESTA UNA VEZ MÁS. Es el sonido de la música. No, no es un musical de Broadway sobre una familia europea devastada por la guerra; esta música concierne a tres jóvenes científicos – al menos es así como los llamaríamos en la actualidad. Ellos vivieron en la antigua Babilonia.

Nosotros les llamamos, de cariño, "Los Tres Jóvenes Hebreos." Sus nombres, tal se registra en Daniel 1:7, aparecen en Hebreo y Caldeo. Ananías fue llamado Sadrac. Misael fue llamado Mesac, y Azarías, fue llamado Abed-nego. Cada uno de los nombres son difícil de pronunciar y aun mas difícil de escribir.

Estos tres jóvenes son prisioneros de guerra. Fueron sacados a la fuerza de sus casas en Jerusalén y llevados hasta Babilonia para hallarse en el poderoso reino de Nabucodonosor aproximadamente 600 A.C. Ellos estaban entre los mejores estudiantes de Israel, eran de gran categoría. Sus increíbles habilidades y talentos le salvaron la vida. Toda la población común de Israel se encontraban esclavos, muertos, o abandonados para morir en la destruida ciudad de Jerusalén.

Estos tres jóvenes son cautivos extraordinarios. Se los consideran lideres de su pueblo. Llevados al palacio del rey para aprender las costumbres babilónicas, estos jóvenes están allí para ayudar a los babilonios a comunicarse con sus nuevos esclavos israelitas, y para ayudar a su pueblo a asimilarse a este nuevo mundo. Eventualmente, estos tres jóvenes son ascendidos a convertirse en capataces. Un rango bastante alto para unos cautivos, ¿no le parece? Uno amigo de ellos, Daniel, los recomendó para este lucrativo puesto luego de haber ganado el favor del rey Nabucodonosor al interpretar uno de sus sueños.

Volvamos a la música. Era música "religiosa," la cual tenia como propósito indicarles a todos que debían postrarse y adorar. Es aquí donde vemos el problema. Tal objeto al cual los Babilonios deben adorar es una imagen de oro, un dios falso. Los tres jóvenes hebreos no pueden postrarse ante un dios falso; esto va en contra de toda su creencia. Arriesgan sus vidas y desobedecen la orden de postrarse.

El rey Nabucodonosor esta furioso. Se siente muy orgulloso de su nueva imagen de oro. La "recompensa" por negarse a adorar a este ídolo es la muerte en un horno de fuego. Ya que los tres jóvenes hebreos se niegan a adorar al ídolo, son sentenciados a arder en el horno, en este caso lo calientan siete veces mas de lo normal. Los soldados que los echan al horno mueren al acercarse debido al intenso calor.

Milagrosamente, los jóvenes hebreos son salvos de la muerte en las rugientes llamas. Ni uno de sus cabellos se ha quemado. El olor a humo ni siquiera ha penetrado sus ropas. ¿Como puede ser? Vivieron porque no estaban solos en el fuego. Una cuarta persona los acompañó. El viejo rey Nabucodonosor dice que seta persona extra en el horno parecía ser el "Hijo de Dios." Asombroso.

El punto por el cual les comparto esta historia es que una persona no tiene que estar en el camino erróneo para ser recipiente de una dura consecuencia. Si nos negamos al cambio de nuestros valores morales y creencias junto con el cambio cultural, la brecha entre donde nosotros, los cristianos, siempre nos hemos mantenido, y donde el mundo a nuestro alrededor se encuentra, será cada vez mas ancha. Un movimiento cultural puede ponernos en conflicto con la sociedad y la autoridad humana.

Vamos de regreso al Tribunal de Asuntos Eternos, parece ser que nuestro próximo testigo también es victima de un cambio cultural negativo.

ESCOMULGADO

"Por favor tome asiento. Por favor diga su nombre."
"Mi nombre es Sabelio."
"¿Fue usted, Sabelio, un ministro del Evangelio de Cristo en el 220 D.C.?
"Si, lo fui."
"¿Y durante su ministerio, se opuso a la nueva doctrina de la trinidad, y las crecientes ideas sobre la Cristología?"
"Si. Me opuse al desarrollo de la idea de la trinidad durante el tiempo en que Tertuliano e Hipólito la presentaron en los años 180 D.C. y 220 D.C."
"¿Es cierto que perdió la comunión con los ministros con los cual había servido por muchos años, todo porque se negó a cambiar su creencia y aceptar la nueva doctrina de la trinidad?"
"Si, eso es cierto."
"La historia registra que sus creencias sobre Dios en los comienzos del tercer siglo D.C., fueron muy similares al de las iglesias cristianas de la actualidad quienes bautizan en el Nombre de Jesús, y creen que Dios se reveló a la humanidad como Padre en la creación, Hijo en redención y Espíritu en santificación y regeneración. ¿Esta de acuerdo con esto?"
"Si, la historia esta en lo correcto. Mi posición es que hay un solo Dios, quien se revela a la humanidad a lo largo del tiempo. Es bíblico.

"Tal lo dice 1 Timoteo 3:16 "E indiscutiblemente, grande es el misterio de la piedad: Dios fue manifestado en carne, justificado en el Espíritu, visto de los ángeles, predicado a los gentiles, creído en el mundo, recibido arriba en gloria."

"Así como también Juan 14:17 dice, "el Espíritu de verdad, al cual el mundo no puede recibir, porque no le ve, ni le conoce; pero vosotros le conocéis, porque mora con vosotros, y estará en vosotros."

"Gracias. No más preguntas."

CAPÍTULO 10
EL CONCILIO

ES EL AÑO 325 D.C.

El lugar es Constantinopla – la puerta giratoria de viajes, rutas comerciales y el vínculo entre el Este y Oeste. Es la nueva cede del Imperio Romano. En la época moderna, conoceríamos a esta ciudad como Estambul, Turquía.

El actual Emperador Romano, Constantino, al cual la ciudad le debe su nombre, es un experto oportunista decidido en engrandecer su comercio mundial. El accede a cualquier posibilidad siempre que sea para fortalecer su poder. El reconoce una oportunidad en el conflicto entre los cristianos, una fe que tiene solo 300 años. Existe una creciente conmoción sobre quien fue Jesús. El Emperador Romano cree haber descubierto una manera para conectar su imperio a la creciente, pero conflictiva, religión. Al hacer esto, el puede renovar y expandir el alcance de su debilitado imperio.

Ante la persuasiva invitación de Constantino, 318 obispos y dignatarios de la Iglesia Cristiana se reúnen en su casa de verano en la pequeña ciudad de Nicea, tan solo a unas millas al sudeste de Constantinopla. Naves Romanas, carruajes, y carrozas son despachados para recoger y entregar al grupo de delegados religiosos al primer concilio global. ¿Quien podría resistirse a tan convincente Emperador? Al fin y al cabo, les está proveyendo transporte, comida, y albergue gratuito durante todo el transcurso de un mes, tiempo que tomaría el concilio.

Y si toda su hospitalidad pareciera extremadamente benevolente, sus regalos fueron modestamente contrarrestados por su insistencia en facilitar y moderar el proceso del concilio. ¿Quién dijo que no se podía mezclar la política y el liderazgo religioso? Aunque en realidad el era un sacerdote pagano, Constantino fue conocido como el "Obispo de Obispos" cuando ineptamente dirigía el Concilio de Nicea. Su autoridad Cristiana no era nada más que una farsa.

El primer concilio mundial comenzaba, y el debate sobre la Cristología, acalorado por las opiniones y egos, crecía entre los obispos y ministros. El alboroto fomentado por la fe da lugar a la tormenta perfecta. Algunos de los lideres religiosos hasta llegaron a intercambiar puñetazos. Al igual que con tantos temas que involucran a grandes grupos de la sociedad, los astutos políticos siempre están atentos a la elaboración de una oportunidad dentro del ámbito religioso, y el Emperador había jugado sus cartas para ganar.

EL TESTIGO REAL

La sala entra en silencio cuando el alguacil llama a otro Emperador Romano al estrado. Se puede ver gran pompa y ceremonia cuando este hombre entra a la sala. El testigo toma su lugar, y comienzo la interrogación.

"Por favor diga su nombre y oficio."

"Mi nombre es Constantino el Grande, y fui emperador del Imperio Romano desde 306 D.C. hasta 337."

"Gracias, ahora le haré unas cuantas preguntas. Primero que nada, como Emperador de Roma ¿asesinó usted a algún familiar, incluso uno de sus hijos, para mantener su continuidad como Emperador?"

"Si, eso es verdad. A veces el bienestar del imperio tiene prioridad sobre todo lo demás."

¿Es también verdad que usted era sacerdote dentro del sistema religioso pagano de Roma?

"Si."

"Como tal, ¿tenía usted la idea de convertirse en una deidad pagana después de su muerte para que el pueblo le adorara como a un Dios Romano?"

"Esa idea era muy atractiva. Era mi meta eterna."

"Cuéntenos un poco sobre las practicas paganas en Roma. ¿Como eran?

"Éramos politeístas, dábamos gran reverencia a la naturaleza y la adoración a los animales. Servíamos a muchos dioses simultáneamente, los dioses de la tierra, aire, fuego y agua, también a los dioses del panteón del pasado," explicó Constantino.

"Muchos paganos de su tiempo creían en la reencarnación y también en el sacrificio de humanos. ¿Estuvo usted alguna vez involucrado en el sacrificio humano?

"Tal como lo mencionó, yo creía en la reencarnación. Y todos los que fueron sacrificados nacerían de nuevo."

"Por favor responda la pregunta."

"Si. No tengo nada de que avergonzarme," dijo. "Desde mi punto de vista, ellos nacerían a una nueva vida."

"¿Hay algo de cierto en lo que la historia habla de su conversión al cristianismo, el cual indica que su confesión publica de fe fue primordialmente para ser visto y por razones políticas?

"Si. Utilicé mi alianza con el cristianismo para ganancia política. Y no fui bautizado como creyente cristiano sino hasta mi lecho de muerte," admitió Constantino. "Fue ahí cuando muchos otros cristianos se dieron cuenta que no había sido bautizado."

"Los historiadores registran que usted facilitó el Concilio de Nicea por razones políticas. ¿Es eso cierto?"

"Si. Utilicé el creciente conflicto de la Cristología como una herramienta para el avance del Imperio Romano."

"Puede explicarnos que sucedió en el Concilio de Nicea?"

"Reuní a los obispos y clérigos a una conferencia de un mes, todo pagado por mi, para discutir temas de relevancia global." Dijo Constantino con un tono engreído.

"¿Planeaba usted tomar ventaja de cualquier acuerdo al que ellos llegaran, solo con el fin de beneficiar a su imperio?"

"Por supuesto. ¿Por que no iba de hacerlo? ¡Fue una excelente oportunidad!"

"Le importaba a usted como los lideres religiosos resolvieran el tema de la Cristología?

"No. No importaba en lo que acordaran, mientras tanto que beneficiara a Roma. Yo conecté el patrocinio Romano a la decisión tomada con el fin de engrandecer el crecimiento de mi Imperio."

"Ya veo. ¿El patrocinar el Concilio, era para usted una oportunidad para incrementar su fama como emperador?"

"Si. Debía hacer lo que fuese necesario para que la gente se volcara a mi, bueno, a Roma."

"¿Amenazó con persecución a los cristianos que discreparan del reciente credo establecido por el Concilio?"

"Por su puesto. Cualquier disidente debía ser puesto en línea. ¿Por que iban a oponerse? Sus mismos lideres fueron los creadores de los decretos. Si no podían obedecer, entonces eran, mas que seguro, rebeldes."

"Para clarificar toda esta información para el jurado, voy a resumir lo que hemos establecido hasta ahora. Usted, Constantino, asesinó a su hijo para ganar poder político. Usted era un sacerdote pagano y un falso cristiano. Usted organizó el Concilio de Nicea en el año 325 D.C. para tomar ventaja del conflicto de la Cristología, el cual se desarrolló durante el tiempo de la Iglesia del Nuevo Testamento en el siglo dos."

"Usted no tenia ningún interés en como se resolviera el conflicto, siempre y cuando pudiera utilizar el nuevo acuerdo para mejorar la imagen del debilitado Imperio Romano. Su intención fue siempre utilizar el crecimiento de la iglesia para asegurar una ampliación de su debilitado imperio, por medio del patrocinio de la, ahora restructurada, iglesia."

"Aún mas, usted promovió los nuevos credos religiosos por medio de la amenaza de persecución de aquellos que no se adhirieran al mismo. Cualquiera que no estuviese de acuerdo era visto como un hereje. Se decía que la infame persecución era igual de severa que los castigos previos hacia los Cristianos. En otras palabras, de la misma forma que los primeros Cristianos temían a la gran persecución, tortura, y muerte; ahora los que no aceptaran la nueva iglesia Romana se enfrentarían a las mismas severas acciones al no adherirse a las nuevas imposiciones."

"¿Es lo anterior cierto?"

"Si. Es un fiel resumen de mi testimonio sobre lo que sucedió durante mi reinado," dijo Constantino.

"Una ultima pregunta: ¿Cual fue el nombre de la nueva versión Romana del movimiento Cristiano?

"La Iglesia Católica Romana, por supuesto."

"Gracias. No hay mas preguntas. Puede bajar del estrado."

Me dirijo al jurado y hago una ultima declaración mientras el testigo se retira.

"Miembros del jurado, hemos sacado a la luz la causa subyacente de la fomentación de falsa doctrina. Las enseñanzas trinitarias, las creencias y prácticas bautismales son remanentes antibíblicos de la influencia del Imperio Romano."

CAPÍTULO 11
SECUESTRADO

CAPÍTULO 11: SECUESTRADO

EL 16 DE JULIO DE 1948, un hidroavión de doble motor de la aerolínea Cathay Pacific, salio de la colonia portuguesa de Macao. El hidroavión, bautizado "Miss Maca," voló sobre el agua unas 38 millas hasta llegar a Hong Kong. Era un vuelo regular, el cual llevaba un cargamento de lingotes de oro.

Al ser un vuelo comercial, habían 23 pasajeros a bordo, la mayoría personas muy adineradas. Mientras el avión aún ganaba altitud, un pasajero, quien formaba parte de una banda de cuatro personas que habían abordado el vuelo cargando armas de mano, obligaron al piloto a que les diera el control de la aeronave. Una pelea se desató en la cabina del hidroavión, y el secuestrador disparó matando al piloto y copiloto. Con el cuerpo del piloto tendido sobre la tabla de control, la aeronave comenzó a descender en picada hasta estrellarse contra el Mar de China.

Algunos pescadores encontraron a Wong Yu, el único sobreviviente del desastre. Lo llevaron a un hospital debido a las lesiones sufridas por el accidente aéreo. Después de algún tiempo, Wong le confesó a otro paciente que él había sido el autor intelectual del intento de secuestro. Lo que él no sabía es que el otro paciente era nada menos que un detective policial. La confesión de Wong Yu resolvió el misterio de la causa por el cual el vuelo terminara tan trágicamente. La aeronave Miss Maca pasó a la historia como el primer secuestro de un vuelo comercial. Pero como ya sabemos, no sería el último.

Un secuestro de este tipo generalmente requiere tomar el control y cambiar el curso y destino del vehículo. Tristemente, los secuestros muchas veces terminan en tragedia. La mayoría de las personas afectadas son victimas por simplemente el simple hecho de estar allí.

En los testimonios previos, fuimos testigos de la intención de Satanás, el enemigo de nuestra alma, de secuestrar la doctrina de la iglesia del Nuevo Testamento por medio de fuerzas gubernamentales seculares. Él ha intentado descarrilar la misma fundación del Evangelio, el ignorar el poder de la sangre de Jesucristo al omitir el Nombre de Jesús del bautismo. Este secuestro es de alto riesgo: las almas de millones de personas que van por la vida confiando en los pilotos humanos que vuelan el avión de la religión.

El Imperio Romano tomó control de los cristianos del tercer sigo al formular la versión Romana del movimiento cristiano – la Iglesia Católica Romana. Con esto retiraron la doctrina Bíblica de que Jesús es Dios manifestado en carne, y comenzaron a practicar una nueva formula bautismal. La Iglesia Católica Romana ya no invocaba el Nombre de Jesús. El efecto dominó causó que la Sangre de Jesús ya no fuese espiritualmente aplicada sobre el alma en el bautismo.

Las discusiones y controversia sobre quien era Jesús (el debate de la Cristologia/Ariano) preparó el camino para eliminar el maravilloso Nombre de Jesús de la ecuación bautismal.

Fue tan solo un pequeño cambio, pero que tuvo consecuencias masivas.

Paradójicamente, cuando los creyentes oraban por los enfermos mencionaban el Nombre de Jesús. Aún seguían echando fuera demonios en el poderoso Nombre de Jesús. Sin embargo, en el bautismo (el punto donde la Sangre se aplica sobre el alma del hombre) la nueva Iglesia Católica Romana cedió y eliminó el Nombre sobre todo Nombre.

Estas acciones demuestran un escalofriante paralelo a las palabras de Jesús en Mateo 7:22-23, "Muchos me dirán en aquel día: Señor, Señor, ¿no profetizamos en tu nombre, y en tu nombre echamos fuera demonios, y en tu nombre hicimos muchos milagros? Y entonces les declararé: Nunca os conocí; apartaos de mí, hacedores de maldad."

Así comenzaron a bautizar bajo la fórmula trinitaria, la cual reflejaba la influencia de la creencia pagana Griega de la deidad tríada. Su incorrecta interpretación de Mateo 28:19 revela esta nueva tradición.

Fue tan solo un pequeño cambio, pero que tuvo consecuencias masivas. El bautismo se alejó de la fórmula Bíblica para ahora ser realizado bajo una serie de títulos. Comenzaron a omitir el maravilloso Nombre de Jesús, el nombre del cual derramó expiación, la sangre redentora para salvarnos. Comenzaron a infringir Colosenses 3:17 "Y todo lo que hacéis, sea de palabra o de hecho, hacedlo todo en el nombre del Señor Jesús, dando gracias a Dios Padre por medio de él."

Debemos regresar a la trama de secuestro del diablo. Adelantémonos. La historia muestra unos 1.200 años de variantes grados de influencia secular Romana sobre la iglesia. Finalmente, la Reforma comenzó en los años 1.500.

El mas grande ímpetu de la Reforma tuvo que ver con el resentimiento en temas financieros concernientes a la Iglesia Católica Romana. Las Indulgencias, o la compra monetaria de una oportunidad para perdonar algún pecado, eran algo común y corriente. La compra de una indulgencia le daba a la persona permiso para pecar. Otros descarados temas monetarios tenían que ver con los muertos. Los oficiales de la Iglesia extorsionaban grandes sumas de dinero de los dolientes a cambio de la promesa de que el fallecido sería removido del purgatorio para ser llevado a un lugar de descanso mas adecuado, como si ellos tuvieran tal poder.

Aún los sacerdotes mismos no estaban exentos de la corrupción. Las vacantes disponibles iban al mayor postor. Si una posición de alto rango se abría, una sucesión de sacerdotes y rectores, o sus agentes financieros, llegaban a pagar aún el total del salario anual, para obtener una mejor posición que conllevara mas poder. Algo muy parecido al juego de las sillas musicales comenzaba a suceder ya que una vacante creaba efecto dominó de posiciones disponibles.

Lutero, Calvino, Zwinglio y Knox cansados de las demandas monetarias de la Iglesia Católica Romana, protestaron dando lugar al movimiento Protestante. Con la organización del movimiento Protestante, el grupo estaba libre de las demandas monetarias de la Iglesia Católica. Se autonombraron "reformados" pero su teología y adoración no tuvo un cambio significante. Aún mas, dentro de los reformadores, hubo gran resistencia a cualquier cambio de la existente estructura doctrinal que había erróneamente prevalecido por 1.200 años.

Podemos ilustrar su resistencia al cambio al presentar un último testigo al Tribunal de Asuntos Eternos.

EL TESTIGO FINAL

"Por favor diga su nombre."

"Mi nombre es Miguel Servet Conesa en mi lengua materna, Español. Muchos me conocen por mi nombre Anglicano, Miguel Servetus. Viví a mediados del 1.511 y 1.553 D.C."

"A parte de ser teólogo, usted también fue médico, ¿correcto?" Le pregunto a mi testigo.

"Si, entre muchas otras cosas, fui médico."

¿Cuáles fueron algunas de esas otras cosas?

"Fui instruido en matemáticas, astronomía, meteorología, geografía, farmacología y jurisprudencia. Fui el primero en describir la función correcta de la circulación cardiopulmonar, el circuito de la sangre a través de los pulmones y las diferentes cavidades cardíacas," explicó Servetus.

"¿Es cierto que, como teólogo, intentó corregir un error de la Iglesia Católica Romana durante el tiempo en que la fuerza del movimiento Reformador tomaba impulso?"

"Si, escribí un tratado acerca del error de la doctrina de la trinidad."

"¿Qué experimentó como resultado de su esfuerzo de llevar al Cristianismo a su creencia original?"

"Fui condenado por la Iglesia Católica Romana y también por el grupo Reformista. Todos se unieron para defender la creencia trinitaria, la cual fue creada en el tercer siglo."

"¿Cuál fue el resultado de esta situación?"

"Fui quemado en la hoguera, no por el sistema Romano que martirizó a tantos reformadores durante la Inquisición, sino por un reformador. Él mismo atizó el fuego y usó madera verde para que yo sufriera una muerte mas lenta y agonizante. Felizmente, tuve seguidores que continuaron llevando el mensaje de Un solo Dios."

"¿Quién fue el reformador responsable de su muerte?"

"Su nombre era Juan Calvino. La historia registra los detalles para aquellos que desean saber más. Es una pena que no llegara a ver sus propios errores. Es una lástima que la Reforma no pudiera corregir los 1.200 años de falsos puntos de vista de la identidad de Cristo y la doctrina bautismal."

"Gracias por su testimonio. No tengo mas preguntas para este testigo."

CAPÍTULO 12
DELIBERACIÓN DEL JURADO

DE REGRESO AL JUZGADO DE MI PUEBLO

LOS ABOGADOS presentaron sus argumentos y declaraciones finales. El jurado se retira para deliberar. El alguacil cierra la puerta de la sala, y nosotros, los doce ciudadanos dedicados a hacer justicia, comenzamos nuestras discusiones.

El juicio duró dos días; la deliberación del juzgado tomará otros tres. Se nos pide llegar a un veredicto unánime. Todos sabemos que la evidencia indica que el acusado es culpable – todos menos uno.

El resumen esta frente a nosotros. Tenemos la evidencia. Podemos volver a leer las transcripciones. Tenemos los registros del tribunal a nuestra disposición. Debemos tomar una decisión, pero debemos enfrentar nuestros sentimientos.

Para once de nosotros, nuestros sentimientos no son un problema. Lo que sentimos está a la par de lo que vimos y oímos. Nosotros, los miembros del jurado, comenzamos con una página en blanco y recibimos la información a medida que se nos fue dada – todos nosotros excepto uno.

Mae. Sus experiencias pasadas se despliegan ante sus ojos. Ha sufrido mucho en su vida. Se siente insegura de su percepción de la evidencia. El abogado defensor hizo un buen trabajo al elegirla. De alguna forma, el supo que ella tenia un pasado que podía influenciar su decisión. Elegir a Mae fue casi la única cosa que el abogado defensor hizo bien. ¿Recuerdan mi rendición de las inexactitudes presentadas durante el proceso de "voir dire?" A nuestro favor está el hecho que no tomamos su palabra sobre la culpa o inocencia del acusado. Nosotros pesamos la evidencia.

Pero Mae no está completamente convencida que el acusado es inocente. Simplemente está insegura de su culpabilidad. No es porque la fiscalía no haya proporcionado un caso convincente. Mae está insegura de su decisión a cause de sus experiencias de vida, las cuales reflejan su punto de vista del mundo.

¿Es Satanás culpable de influenciar la doctrina de la iglesia y las prácticas bautismales?

Los once de nosotros tratamos de razonar con ella. Vamos uno por uno relatando y recordando las pruebas. Estamos unidos, y nos paramos firmes, pero Mae simplemente no lo capta.

Nos quedamos en silencio. Descansamos. Somos amables. Esperamos.

Después de una o dos horas de silencio, Mae empuja su silla de la mesa y grita, "¡Lo veo! ¡Ahora lo veo!." Esa tarde, el tercer día de deliberaciones, nuestro jurado presenta el veredicto unánime – "culpable."

DECLARACIONES FINALES
EN EL TRIBUNAL DE ASUNTOS ETERNOS

Satanás esta siendo enjuiciado. Todos sabemos que es culpable de tanta maldad, pero la pregunta ante ustedes, miembros del jurado, no es acerca de la maldad que sabemos que cometió, nuestra pregunta es únicamente sobre el complot de Satanás de anular la gracia dada en el Calvario por la preciosa sangre de Jesús. ¿Es Satanás culpable de influenciar la doctrina de la iglesia y las prácticas bautismales?

Muchas gracias miembros del jurado por su participación. Antes de ir a la sala a deliberar, me mantengo firme en mi argumento final. Han oído a muchos testigos hoy. Algunos de ellos no eran creyentes, pero aún así influenciaron a la iglesia. Otros eran verdaderos creyentes quienes sufrieron grandemente.

Hay muchos otros testigos que yo pudiera haber llamado a testificar. Muchos de los discípulos de Cristo murieron como mártires, dando sus vidas por defender la experiencia Apostólica dada por Dios mismo y el bautismo en el Nombre de Jesús. Once de los doce discípulos originales fueron mártires. Es difícil imaginar tan gran multitud de testigos muertos a causa de un invento falso. Vivieron por la Verdad y también murieron por ella.

Podría haber citado a varios Papas quienes fueron eruditos de la Biblia e intelectuales – tales como el Papa Esteban I (254-257 D.C.), el Papa Gregorio el Grande (638 D.C.), o el Papa Nicolás I (858-867 D.C.). Todos estos hombres entendían que el bautismo en el Nombre de Jesús es el correcto, aunque ellos mismos estaban en una posición de autoridad en una organización que no bautiza en el Nombre de Jesús. Lamentablemente, sus mandatos fueron breves o de poca influencia para retornar al Cristianismo organizado a la doctrina original Apostólica.

En lugar de llamar a los Apóstoles u otros lideres de la iglesia, ustedes oyeron testimonios de muchas figuras notorias de la historia. Oyeron los testimonios de dos emperadores Romanos; ambos egocéntricos y calculadores. Cada uno de ellos tuvieron una mano siniestra en el maltrato de la iglesia del Nuevo Testamento.

Han oído el relato personal de un hombre de Dios quien fue echado fuera de la nueva Iglesia Católica Romana a causa de su rechazo a cambiar su creencia y práctica bautismal.

Un abogado tomó el estrado y orgullosamente reconoció su invención de una nueva palabra, la cual fue mano a mano con los testimonios que oímos de parte de dos filósofos Griegos, quienes no eran cristianos.

Y también oímos el triste relato de un medico/intelectual/ministro que murió como mártir durante la Reforma, luego de haber hecho un llamado de atención al error de la doctrina trinitaria.

Oyeron relatos de personas reales. La historia es testigo de lo sucedido. Es mi deseo que permitan que la historia hable por sí sola e impacte su comprensión de la perspectiva general de la tradición religiosa, la influencia política y cultural, y la Verdad de la Palabra de Dios.

Es mi deseo que permitan que la historia hable por sí sola e impacte su comprensión.

Miremos nuestro mundo hoy. Satanás sigue usando la política y cultura para deslizarse en la iglesia y distorsionar, engañar y corromper la pureza de la santidad. Satanás continúa cambiando una palabra a la vez y tergiversando lo que Dios dijo. Muchas veces la mentalidad de la iglesia se asemeja mas al mundo que a la mente de Dios, pero tus pensamientos no tienen que reflejar la perspectiva del mundo. Jesús puede transformarte por medio de la renovación de tu entendimiento. Tienes el poder de decidir. ¿Cual será tu respuesta? ¿Defenderás la Verdad?

A través de este caso he expuesto a una variedad limitada de pruebas históricas. Si lo presentado no es suficiente, aún existe mucha información. Le animo a estudiar por su cuenta. Decida cual será su veredicto. Examine las pruebas. Lea la transcripción. Piense en los testimonios de los testigos. Investigue las referencias provistas. Si el argumento es convincente, convénzase.

A medida que el Tribunal de Asuntos Eternos concluye, prepárese. Será convocado una vez mas. Un día se presentará ante el Tribunal de Asuntos Eternos ante el Único Juez, el Espíritu de Verdad. ¿Cual será su testimonio de vida? ¿Qué relato dará de su lugar en el tiempo? ¿Ha obedecido las instrucciones especificas de Dios? Su deliberación puede ser la reflexión mas importante de su vida y eternidad

CONCLUSIÓN

UN LLAMADO A LA ACCIÓN

MI ORACIÓN es que el Espíritu de Dios ilumine su camino a un completo entendimiento de Su Verdad. Oro para que llegue a ser un fuerte Soldado de la Cruz – por medio del poder del Nombre de Jesús. Oro para que su deseo por buscar la Verdad se intensifique y guíe su estudio y decisiones finales con respecto a su eternidad. Oro que su deseo por una relación con Jesucristo le guíe mas allá de las relaciones humanas y tradiciones creadas por el hombre, hasta las inmensurables alturas que Dios ha diseñado para usted.

En su búsqueda por encontrar, obedecer y permanecer en la Verdad, necesitará un altar. Tal vez es un altar de arrepentimiento. Sin duda un altar de adoración. Ciertamente será un altar de comunión. Todos debemos estar en comunión con el Espíritu de Dios – el Espíritu de Verdad. Oro que no descanse hasta comenzar el peregrinaje hasta los lugares espirituales que Dios desea para usted.

Muchos de nosotros hemos conocido personas que profesaban ser nacidos de nuevo, pero aún vivían bajo su vieja naturaleza. Luchaban con limpiar su forma de hablar. Peleaban con la lujuria y un estilo de vida inmoral. Vivían en una guerra continua con sus necesidades y deseos de posesiones y posiciones. No eran nueva creación. El viejo Adán no había muerto. No había sido sepultado como se debe.

No cabe duda de que ha asistido a la ceremonia de entierro de algún amigo o familiar. ¿Que sucedería si regresara al cementerio unos días después solo para encontrar que los restos no fueron enterrados correctamente? Ya se imaginará el resultado de una mala sepultura.

En este libro hemos hablado claramente del Evangelio de Cristo. Reconocemos que para que la historia de la "muerte, sepultura y resurrección" sea efectiva, esta debe ser reflejada en nuestras vidas. Sabemos que esta "muerte" debe seguir una muerte a los pecados por medio de nuestro sincero arrepentimiento. ¡Nuestra esperanza está en el resultado final de una vida gloriosa llena del poder de la "resurrección" de Jesús! Morir a nuestros pecados es solo una parte de la ecuación. Para poder llegar a una respuesta adecuada al problema de la vida, debemos unir la "muerte" con la correcta "sepultura."

Los Apóstoles y los creyentes del Nuevo Testamento bautizaron en el "Nombre de Jesús." ¿Existe alguna otra razón por la cual deberíamos hacerlo de otra forma nosotros hoy?

¿Podría ser que el problema, para muchos, es que nos hemos arrepentido sinceramente, pero nos distrajimos en el intento de encontrar una sepultura adecuada? Nuestra vieja naturaleza, "Adán," no está completamente sepultado hasta que descanse en paz bajo la sangre de Jesús. El bautismo es el equivalente a la sepultura. Adán no puede ser sepultado de ninguna otra forma.

Hemos demostrado como el plan e instrucciones de Dios son especificas en toda la Biblia. Y El sigue siendo el Dios de lo especifico aún hoy. En Egipto, en la primer Pascua, Dios requirió un sacrificio y el derramamiento de sangre para salvar a Su Pueblo, pero eso no fue todo lo que ordenó. Los Israelitas debían aplicar esta sangre en los postes de las casas – en los marcos de las puertas – de otra forma el ángel de la muerte no perdonaría la vida inocente de los primogénitos.

Hoy, Dios requiere que apliquemos la sangre de Jesús en nuestros corazones. Jesús derramó su sangre y murió por nuestros pecados, y debemos aplicar Su sangre a nuestras vidas para recibir remisión, o liberación, de nuestros pecados. Debemos aplicar esa preciosa sangre en Su Nombre por medio del bautismo. Recuerde, El es el único que derramó sangre redentora. Si bien recuerda, con sus artimañas, el diablo cambió una palabra en la formula bautismal – el Nombre de Jesús – y secuestró el avión de las enseñanzas religiosas sobre el bautismo. Para ser más exacto, Satanás nos "engañó" o nos dio información "errónea." Después de todo, el es el padre de la mentira.

En el día del Pentecostés, el pueblo hizo una pregunta, "¿… varones hermanos, que haremos?" (Hechos 2:37) El apóstol Pedro les habló diciendo, "Arrepentíos y bautícese cada uno de vosotros en el nombre de Jesucristo para perdón de los pecados y recibiréis el don del Espíritu Santo" (Hechos 2:38).

Los Apóstoles y los creyentes del Nuevo Testamento bautizaron en el "Nombre de Jesús." ¿Existe alguna otra razón por la cual deberíamos hacerlo de otra forma nosotros hoy?

Tal como Mae luchó con sus sentimientos y experiencias anteriores, algunos de nosotros luchamos también. "No puedo dejar el pasado," discutimos con nosotros mismos. "No puedo abandonar lo que siempre creí ser la verdad. No puedo admitir que yo, y especialmente aquellos que se fueron antes que yo, pudiéramos haber sido engañados o mal informados.." Luchamos por encontrar la verdad. Nuestros pensamientos y sentimientos se mezclan a medida que atravesamos la información.

Mientras que intento ponerme en sus zapatos, permítame ayudarle a poner algunos pensamientos y sentimientos en perspectiva. Todos somos responsables por lo que sabemos. La gente que vivió antes que nosotros fueron responsables de su conocimiento. Usted es responsable de lo que conoce. El Señor ve nuestros corazones, y El es el Juez de nuestra obediencia y sumisión a su Palabra.

¿Ha obedecido el Evangelio de Jesucristo – la muerte, sepultura, y resurrección? Morimos en el arrepentimiento, somos sepultados en el bautismo en el Nombre de Jesús, y somos resucitados a una nueva vida al recibir el don del Espíritu Santo. ¿Ha sido lleno del Espíritu Santo? Solo cuando obedecemos debidamente al Evangelio de la muerte, sepultura y resurrección de Cristo, es que podemos alcanzar nuestro máximo potencial de cristianos victoriosos y vencedores.

¿Ha sido bautizado en el Nombre de Jesús? Quizá nunca ha sido bautizado, o tal vez necesitas ser re-bautizado como lo dice la Biblia. El bautismo en el poderoso Nombre de Jesús te llevará un paso mas cerca a conectarte con el poder milagroso y salvador de Dios.

Jesús nos ofrece su gracia para obrar en nuestras vidas. El es mas poderoso de lo que tal vez se haya imaginado. Hay poder en la sangre de Jesús – poder para perdonar, remover y redimirnos del pecado. Active Su sangre en su alma a través del bautismo (Romanos 6:3 y 1 Juan 1:7), invocando Su Nombre (Hechos 22:16). Sin sangre no hay remisión de pecados (Hebreos 9:22). El sacrificio de animales no fue suficiente para redimirnos (Hebreos 10:4), sino que Jesús fue el Cordero de Dios inmolado desde el principio del mundo (Juan 1:29 y Apocalipsis 13:8). Su sangre nos justifica y nos salva (Romanos 5:9).

Existen iglesias en todo el mundo que creen y practican el bautismo como los apóstoles lo hicieron – en el Nombre de Jesús. Algunas de estas iglesias son llamadas Apostólicas, Pentecostales, de la Unidad, o del Nombre de Jesús. Aunque también existen muchos otros nombres. Muchas iglesias de diferentes tipos bautizan en el Nombre de Jesús.

En su búsqueda por una iglesia de acuerdo a la Biblia, llame a cada iglesia en su área y pregunte en que creen. Pregunte, "¿Bautizan en el Nombre de Jesús? ¿Creen en la llenura del Espíritu Santo? ¿Enseñan a vivir de acuerdo con los santos principios Bíblicos?" No se detenga hasta encontrar un lugar de adoración que se adhiera a la Verdad Bíblica, que se oponga a la corrompida tradición religiosa y a los caminos del mundo.

No lo postergue. ¿Recuerda la historia de Noé y el arca? Dios llamó a la humanidad a bordo. Dios tenia el control de la única puerta del arca. Una vez cerrada, ni siquiera Noé podía abrirla. No espere hasta que sea demasiado tarde. ¡Oro para que actúe ahora!

JUAN 8:32

"Y conoceréis la verdad, y la verdad os hará libres."

SOBRE EL AUTOR

JIM PICKERING

Jim ha vivido una vida interesante y variada. Ha trabajado en la mecánica industrial por 44 años y se jubiló siendo un profesional de la seguridad en tal industria. También ejerció como Técnico Médico de Emergencias (EMT) por más de 30 años.

Más allá del trabajo, en los últimos 50 años su vida a girado en torno a la enseñanza de adolescentes y jóvenes adultos de como vivir como cristianos exitosos. Es un maestro impulsado a comunicar las importantes facetas de la fe cristiana al mundo. Además de trabajar con jóvenes, Jim enseña una clase doctrinal para nuevos convertidos en su iglesia.

Nativo del área de Beaumont, Texas, Jim vive en Vidor, Texas. Él y su esposa Jewel contrajeron matrimonio en el año 1967. Tienen dos hijos, Jonathan, y Jody, quien está casado con Shanna Garris. Tienen un nieto, Greyson James, y un "amplio clan familiar" y "nietos" en su iglesia.

Jim y Jewel asisten la Iglesia Pentecostal Unida Eastgate en Vidor, Texas. Jim disfruta la jardinería, fotografía, viajar y pescar. Jim conoció al Señor en el año 1958 y ha vivido para Dios continuamente desde tal fecha.

Puede comunicarse con Jim por correo electrónico a través de PhotoJim45@gmail.com.

Our Written Lives
book publishing services
www.OurWrittenLives.com

www.ingramcontent.com/pod-product-compliance
Lightning Source LLC
Chambersburg PA
CBHW041325110526
44592CB00021B/2824